Collection " Leurs amours "

Fernand Nozière

La vie amoureuse de Ninon de Lanclos

Ernest Flammarion, éditeur

Collection " Leurs amours "

ANDRÉ ANTOINE

La vie amoureuse de François-Joseph Talma

LOUIS BARTHOU, *de l'Académie française*

La vie amoureuse de Richard Wagner

ANDRÉ BEAUNIER

La vie amoureuse de Julie de Lespinasse

LOUIS BERTRAND, *de l'Académie française*

La vie amoureuse de Louis XIV

ABEL BONNARD

La vie amoureuse d'Henri Beyle (Stendhal)

LUCIEN DESCAVES, *de l'Académie Goncourt*

La vie amoureuse de Marceline Desbordes-Valmore

MAURICE DONNAY, *de l'Académie française*

La vie amoureuse d'Alfred de Musset

CLAUDE FARRÈRE

Une aventure amoureuse de Monsieur de Tourville

ALBERT FLAMENT

La vie amoureuse de Lady Hamilton

DUC DE LA FORCE, *de l'Académie française*

La vie amoureuse de la Grande Mademoiselle

* *Le plus beau parti de France*

** *Le mariage secret*

ROSEMONDE GÉRARD

La vie amoureuse de Madame de Genlis

MYRIAM HARRY
La vie amoureuse de Cléopâtre

GÉRARD D'HOUVILLE
La vie amoureuse de l'Impératrice Joséphine

GEORGES LECOMTE, *de l'Académie française*
La vie amoureuse de Danton

MAURICE MAGRE
La vie amoureuse de Messaline

CAMILLE MAUCLAIR
La vie amoureuse de Charles Baudelaire

PRINCESSE LUCIEN MURAT
La vie amoureuse de la Grande Catherine de Russie

PIERRE DE NOLHAC, *de l'Académie française*
La vie amoureuse de Pierre de Ronsard

FERNAND NOZIÈRE
La vie amoureuse de Ninon de Lanclos

PAUL REBOUX
La vie amoureuse de Madame Du Barry

MAURICE ROSTAND
La vie amoureuse de Casanova

CÉCILE SOREL, *de la Comédie-Française*
La vie amoureuse d'Adrienne Lecouvreur

MARCELLE TINAYRE
La vie amoureuse de Madame de Pompadour

ÉMILE VUILLERMOZ
La vie amoureuse de Chopin

La vie amoureuse

de Ninon de Lanclos

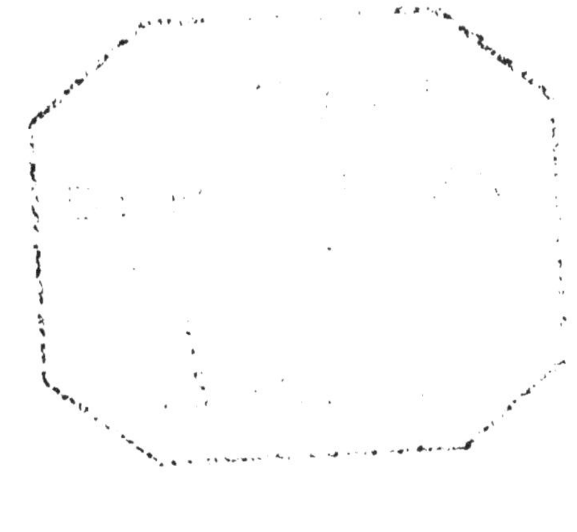

Il a été tiré de cet ouvrage :
cent exemplaires sur papier de Hollande
numérotés de 1 à 100
et deux cents exemplaires sur papier vergé
pur fil Lafuma
numérotés de 101 à 300.

Collection " Leurs amours "

Fernand Nozière

La vie amoureuse de Ninon de Lanclos

Ernest Flammarion, éditeur

A M. ÉMILE MAGNE

Permettez-moi, Monsieur, de vous offrir ce petit livre sur Mlle de Lanclos. Je ne l'aurais pas écrit si je n'avais eu le secours de l'admirable étude que vous lui avez consacrée. Elle m'a été fort utile et m'a longtemps découragé. Comment parler d'elle après vous, puisque votre patiente érudition a réuni tout ce qu'il est permis d'en savoir et que vous possédez l'art de faire vivre vos précieux documents ?

On vous emprunte volontiers sans reconnaître toujours la dette si délibérément contractée envers votre science. C'est un travers dans lequel je ne veux pas tomber. En vous dédiant ces pages, je ne rends pas seulement à votre œuvre un hommage dont vous pouvez ne pas avoir grand souci, mais je tiens à me proclamer votre reconnaissant débiteur.

F. NOZIÈRE.

La vie amoureuse de Ninon de Lanclos

I

MON PREMIER AMOUR

Mlle de Lanclos nous dit :

— J'ai été merveilleusement préparée à la vie galante, ma mère étant dévote et mon père libertin. Pour donner quelque valeur aux plaisirs de l'amour, il faut les parer d'une beauté religieuse. Je doute que ma mère Marie-Barbe l'ait jamais senti. C'était une femme simple et bonne, mais qui n'était pas attirée par la joie. Je pense qu'elle fit trois enfants sans s'en apercevoir, — et je fus la dernière. Elle n'était point laide et même elle aurait semblé belle si la vertu n'avait pas terni son visage.

Mon père n'avait pas vingt-cinq ans quand il l'épousa. Il crut sans doute qu'il la dépouillerait de l'austérité en faisant tomber sa robe de noces. De son côté, elle se flattait d'amener à la pénitence ce jeune homme qui avait de l'ardeur. Ils faisaient tous deux erreur. J'ai conservé de mon père un souvenir assez précis : j'avais déjà douze ans quand il disparut. Je crois qu'il eut de l'affection pour les aînés, mes deux frères ; mais il eut une tendresse toute particulière pour la cadette, et c'était moi-même. Il aimait les femmes et il ne lui déplaisait pas de voir grandir à son foyer une petite créature qui ne ressemblerait pas à son épouse. Il se réjouissait de préparer ce désaccord. Il ne pouvait, dès le berceau, me proposer la lecture de Montaigne, mais il tenait à entourer mon réveil d'accords musicaux et, dès que j'ouvrais les yeux, il jouait du luth qui est, comme chacun sait, un instrument de damnation. Ma mère en souffrait cruellement ; mais mon père lui rappelait que les anges exécutent des concerts dans le Paradis, que son confesseur en devait convenir, qu'il fallait préparer les petits à célébrer la gloire du Très-Haut. Ayant ainsi parlé, il faisait entendre une sarabande et je crois bien que j'ai dansé avant que de marcher :

— Anne, disait ma mère, ne vous trémoussez pas ainsi !

— Nanine, disait mon père, encore un pas ou deux !

— Elle ne s'appelle pas Nanine, disait ma mère, mais Anne.

— Elle s'appelle Nanine, disait mon père, et même, si l'on me fâche, Ninon.

Je ne sais comment j'appris à jouer du luth. J'imitai sans doute sur les cordes les mouvements de ses mains. Elles étaient fines et douces. Je le sentais quand elles guidaient mes doigts maladroits. Nous chantions tous les deux, et ma mère soupirait. Elle m'emmenait aux Minimes de la Place Royale, se jetait à genoux et demandait au Seigneur de me prendre sous sa garde. Elle redoutait le démon qui rôdait autour de moi et qui n'était autre que mon père.

Il vint moins souvent au logis. Quand je me plaignais de ne plus le voir autant que je l'aurais souhaité, il alléguait les nécessités de sa charge auprès de M. le Maréchal de Saint-Luc. Je ne pouvais m'empêcher de sourire parce qu'il n'allait pas souvent à l'armée, et je le savais bien. Ma mère ne cachait pas son inquiétude quand il lui fallait aller combattre ; mais elle n'avait que de la mauvaise humeur et de la honte quand il s'acquittait de ses fonctions à Paris, et si près de notre maison. J'ai surpris malgré moi, — et j'ai écouté aussi, — certaines paroles de ma mère quand elle s'entretenait avec sa sœur, ma tante Madeleine, ou bien avec son confesseur. J'appris ainsi que mon père tournait en dérision les mystères de la religion, qu'il blasphémait et même faisait gras pendant le Carême. Je craignais qu'il ne fût brûlé vif, mais il agissait comme le Maréchal, son fils Louis, la Marquise de Beuvron sa fille, et d'autres gentilshommes et nobles dames qui scandalisaient ou amusaient les habitants du Marais. La qualité de ces libertins me rassurait un peu.

Le jour où j'eus dix ans, il m'apporta un petit collier et l'attacha lui-même à mon cou. Ma mère protesta disant qu'il ne fallait pas donner de bijoux à une fillette, que c'était le moyen le plus sûr de développer la frivolité, la coquetterie :

— Vous sanctifierez cette chaîne, dit-il, en y suspendant quelque pieuse médaille.

Je ne pouvais m'empêcher de me regarder dans un miroir. Je ne risquai que de rapides coups d'œil tant que ma mère demeura avec nous, mais elle dut sortir et je me contemplai tout à loisir :

— Vous êtes déjà une femme, dit mon père.

Je me sentis rougir. Je vis qu'il souriait, — ce qui redoubla ma honte.

— Je me rappelle une petite fille qui ressentait la même gêne quand je lui fis ce même compliment le jour où elle atteignit aussi sa dixième année. J'ai cru la revoir quand vous avez fait cette mine confuse, mais heureuse.

— N'était-ce point, lui demandai-je, Marie de Gouges ? Vous avez dit souvent qu'elle était une gentille enfant quand vous étiez déjà un homme.

— Non ! C'était sa cadette, Lucrèce.

Il murmura :

— Lucrèce !... Un beau nom !... Difficile à porter !... Je lui préfère Ninon.

Il devait bientôt montrer qu'il préférait Lucrèce à Ninon. J'ai été très jalouse de cette Lucrèce de Gouges qui avait épousé Maître Jean de Riberolles. Plus tard, je n'ai jamais pris ombrage d'une autre femme. C'est que j'avais de quoi me défendre contre des rivales et j'abandonnais à leur convoitise ce dont j'étais rassasiée. Je ne disposais pas d'armes égales pour garder mon père. Je ne discernais pas très nettement les charmes dont pouvait user Lucrèce ; mais je savais bien que l'emploi m'en était interdit. Pendant de longues semaines, mon père était absent.

— Il fait campagne, m'expliquait ma mère.

Mais c'était pendant la saison où la guerre est toujours suspendue, et je n'en croyais rien. Les bavardages des commères auraient suffi à me renseigner. L'aventure faisait grand bruit dans le quartier. A mon approche tout le monde se taisait ; ce silence même en disait long. Je sentais qu'un danger menaçait mon amour. Je ne voulais pas perdre à jamais mon père et je me jurai d'avoir avec lui un grave entretien le premier jour où il viendrait à la maison.

Il avait pris le luth et il improvisait. C'était un air tendre, douloureux, déchirant. Il s'en aperçut et, comme s'il voulait me cacher sa pensée, il joua une danse joyeuse :

— Il ne faut pas s'attarder à la souffrance, expliqua-t-il. Elle est mauvaise conseillère. Essayons d'être heureux en ce monde ou, plutôt, le moins malheureux qu'il nous sera possible. Soyons gais, ma Ninon !

Mais il vit que j'avais des larmes dans les yeux. Il feignit d'en vouloir connaître la raison, bien qu'il eût aussitôt deviné la cause de ma tristesse. Ce ne pouvait être qu'un chagrin d'enfant ! Ma mère m'avait-elle refusé un jouet, un ruban ? Je me contentai de le regarder et je compris ce que peut être la puissance d'un regard féminin :

— Ne crains rien, mon enfant, me dit-il. Tu m'es plus chère que tout au monde.

Il me trompait comme si j'avais été sa maîtresse. Je fus crédule comme s'il avait été le plus chéri des amants. Le souper fut très gai. J'étais délivrée d'une trop lourde inquiétude. Il y avait en mes yeux l'éclat de la victoire. Ma mère même en semblait rassurée. Quelques jours plus tard, le mari de Lucrèce revenait du Périgord où il était demeuré deux années près du gouverneur, laissant sa femme à Paris. Tout semblait rentrer dans l'ordre et mon père fut plus souvent auprès de nous. Ce fut le plus beau temps de mon enfance. Je triomphais. Mon père, qui avait des loisirs, me lisait et m'expliquait des pages choisies dans les *Essais*. Il m'initiait aux règles de la poésie. Il me faisait des compliments et sur mon esprit et sur ma grâce.

Un matin je l'entendis qui poussait des cris et ma mère lui donnait violemment la réplique. Il hurlait que Jean de Riberolles, le mari de Lucrèce, était le dernier des coquins. Ma mère gémissait :

— Quelle turpitude ! Crime d'adultère ! Crime d'adultère !

— Plaisant crime ! répondit mon père. Tous les hommes de Paris et presque toutes les femmes sont donc des criminels !

La lecture de l'Evangile m'avait donné quelques éclaircissements sur la femme adultère, et je crois bien que, malgré l'enseignement du Christ, j'aurais jeté à Lucrèce la première pierre et quelques autres !

— Je me ris de la justice, disait mon père. L'accusation est fausse ! Et quand elle serait vraie ?... De quel droit se plaint ce mari qui abandonne sa jeune femme et qui ne revient de sa province que pour la contraindre à recevoir des galants vieux et riches ? Je rosserai M. de Riberolles, et ses témoins, et le Commissaire, et les Juges ! Eussé-je à mes trousses tous les Périgourdins de Paris, mon épée suffira à me défendre !

Je n'osais pas me montrer pour ne pas offenser la pudeur de mes parents qui avaient parlé trop haut. Mais comme je tremblais pour mon père ! Et comme je l'admirais ! Il me semblait l'indomptable chevalier d'une dame qui, à la vérité, n'était pas ma mère. Pour sa Dulcinée, il accomplissait des exploits dignes de Don Quichotte ! Il avait malmené des artisans qui avaient médit de Lucrèce parce que le mari les avait payés. Il avait secoué d'importance et blessé un coquin qui la calomniait ou lui voulait nuire. Cinq hommes le guettaient, la nuit, près de l'hôtel de Vitry ; il était allé droit à eux et les avait mis en fuite. Mais ce n'était pas assez pour lui de chasser menuisier, serrurier, fille de mauvaise vie, spadassin. Le mari complaisant se réfugiait derrière un maréchal des camps, commandant l'artillerie de la république vénitienne : Louis de Chabans ! Devant l'hôtel de l'Ambassade, le duel fut inattendu et rapide, — si rapide que le vainqueur pouvait être accusé d'assassinat. Avant de s'enfuir, mon père vint m'embrasser :

— La grande loi, dit-il, c'est de ne jamais se laisser entraîner par la passion. Je me suis toujours efforcé de garder la mesure. Et pourtant...

Il me jura que son exil serait de courte durée et que ses amis arrangeraient vite l'affaire. Je ne l'ai jamais revu. Il avait contre lui les dévots qui redoutaient les libertins du Marais. Ils imposèrent silence à la famille du Maréchal de Saint-Luc. Ma tante Madeleine aurait pu faire intervenir le frère de son mari, Charles François d'Abra de Raconis, pour qui le cardinal de Richelieu avait de l'amitié. J'ai toujours pensé que le confesseur de ma mère l'engagea à ne pas se préoccuper d'un époux aussi dange-

reux. Ainsi j'ai perdu, à douze ans, le premier homme que j'aie tendrement aimé et jamais je ne me suis sentie attirée vers les personnages pieux qui empêchèrent à jamais son retour. J'ai toujours pensé qu'ils m'avaient fait prématurément orpheline.

II

MON PREMIER SCANDALE

Pendant des semaines et des mois j'espérais que mon père reviendrait bientôt. Mais je dus me résigner à comprendre que je ne le verrais plus. Ma mère répondit mal aux questions que je lui posais. Elle ne savait pas où il s'était réfugié... Elle n'avait reçu aucune nouvelle... Elle ne pouvait dire s'il était mort ou vivant... Mais assurément il était mort pour nous et j'en souffrais bien cruellement, en silence. Quelle existence pouvait-il bien mener s'il respirait encore ? Si je l'avais moins bien connu, j'aurais pu penser qu'il était entré dans un couvent pour expier ses péchés et pour se mettre à l'abri des poursuites. Sans doute il avait cherché à l'étranger l'appui de quelque seigneur qui aimât les gens d'esprit et de courage. Je tremblais que Lucrèce ne l'allât rejoindre. Du moins ne le pouvait-elle aussitôt parce que son mari la livrait à la justice, ce dont je me réjouissais fort. J'ai regretté, depuis, qu'elle n'eût pas vécu avec celui qu'elle aimait et dont elle était aimée. Mais la jalousie d'une petite fille ne connaît pas cette modération.

Je n'ai jamais regardé le cher absent comme un père, mais comme l'ami qui m'avait trahie. J'accueillis donc les confidences d'une servante aux yeux vifs qui lui avait été très dévouée. Elle venait chez nous quand ma mère était à l'église. Elle en avait donc l'occasion chaque jour :

— Ah ! disait-elle, c'est un rude homme !

Elle s'appelait Françoise du Charme et avait été au service de Lucrèce. Je lui demandai si Lucrèce était si belle. Elle me répondit que, bientôt, je serais plus séduisante que cette Lucrèce et, me regardant longuement, elle conclut que j'étais déjà une petite femme. Elle m'engagea à ne point parler de ses visites à ma mère. Je la recevais donc en secret. En échange du peu que je pouvais parfois lui donner, elle se plaisait à me coiffer, me conseillait d'orner d'une dentelle ma robe. Elle m'obligeait à me regarder dans le miroir. Je lui obéissais sans peine et souriais à mon image :

— Plus tard, me disait-elle, vous me prendrez à votre service. Ces bourgeois ne veulent pas m'admettre dans leurs maisons parce que je fus trop fidèle à votre père et à Mme Lucrèce. Tous les maris craignent que je ne prête à leurs femmes une dangereuse assistance. Mort de ma vie ! Je voudrais qu'ils fussent tous cocus comme le vilain Jean de Riberolles lui-même !

Elle s'exprimait aussi librement quand elle était ivre, — et elle buvait plus qu'elle ne mangeait. Elle chancelait et ses yeux brillaient étrangement ce jour de mai où elle m'entendit jouer du luth :

— Reprenez, dit-elle quand je vins lui ouvrir la porte, reprenez ! J'aime la musique !

Elle fredonnait et sautillait. Quand j'eus achevé :

— Vous jouez mieux encore que votre père, déclara-t-elle. Prenez garde ! C'est un instrument de perdition.

Elle ricana et réclama un verre de vin que je m'empressai de lui apporter :

— Joueurs de luth, mauvaise compagnie ! continua-t-elle. Ce n'est pas qu'ils soient dangereux pour les filles. Ces garçons vivent entre eux et votre père fit sagement de renoncer à la musique, sinon vous ne seriez pas au monde, et ce serait grand dommage. Mais voyez comme elle est belle, cette mignonne qui va me quérir la bouteille.

Je la lui donnai en effet. Elle buvait au goulot :

— Joue ! Joue ! disait-elle. En ce moment ta vénérable mère prie pour que le Seigneur veille sur toi et je te dis que tu n'approcheras pas souvent de la sainte table, mais d'autres repas. Tu es bien la fille de ton père, et je l'ai connu. Je l'ai vu tout nu, corps et âme. C'était un mécréant. Si j'avais parlé, si j'avais dit aux juges que pendant le carême, et même le vendredi saint, il mangeait de la viande avec sa Lucrèce, il serait aujourd'hui dans les prisons du roi. Ne te signe pas, ma petite ! Il aurait dû être brûlé vif, mais je me demande s'il n'y aurait pas pris plaisir et s'il n'était pas un vrai démon.

Ma mère rentra quand Françoise était encore au logis. La malheureuse n'était pas en état de marcher; mais elle avait la force de crier. Elle adressa les plus vifs reproches à la fâcheuse qui troublait notre tête à tête :

— Comment avez-vous pu faire une telle fille, Madame ? Sans doute vous n'y prîtes pas part, —

ou de si loin. C'est l'œuvre du seul Henry de Lanclos, votre pauvre mari. Ah ! l'infortuné ! Il suffit de vous voir pour comprendre qú'il eut grand besoin de flatter le sein de Lucrèce et de tapoter ses cuisses. Ces gestes lui étaient familiers. Vous ne l'auriez pas soupçonné, mais vous pouvez m'en croire...

Ma mère ouvrit la porte, appela au secours ; les voisins entraînèrent Françoise qui fut menée en prison. Je ne devais pas la revoir. Sans doute fut-elle accusée de vouloir détourner du devoir une enfant. Je fus sévèrement grondée pour avoir accueilli Françoise et lui avoir donné du vin. Le confesseur de ma mère obtint de moi des aveux dont il fut très fier. Il crut m'arracher toute la vérité quand je ne lui en accordai qu'une parcelle. Le prêtre fut ravi de mon zèle et de mes regards innocents. Il engagea ma mère à me conduire plus souvent à l'Eglise :

— Mais, dit-elle, c'est qu'elle n'y veut jamais venir.

Je répondis que, désormais, j'irais volontiers. Le serviteur de Dieu en parut très flatté et conclut qu'il n'y a point péché quand l'intention est bonne.

J'allai donc à l'église, presque chaque jour. J'y

trouvai des agréments. J'aimais déjà la musique et la danse. La messe n'est-elle pas un admirable ballet ? En souvenir de celle qui répandit sur Jésus le parfum, la religion offre au Seigneur, — et par conséquent aux fidèles — des odeurs suaves. Je m'en délectais et, pour mieux en jouir, je fermais les yeux. Les dévotes admiraient mon recueillement. Elles me donnèrent en exemple à leurs filles parce que je m'abîmais dans mes prières. La lecture fut, dès mon enfance, mon plus grand divertissement. Je dissimulais donc dans la reliure d'un livre saint des écrits profanes. Comment aurais-je employé les longues heures que ma mère consacrait à la prière, à la méditation, à tous les exercices qui devaient assurer son salut et le mien ? Il est plus décent de lire dans une chapelle que d'y donner des rendez-vous ou de regarder avec un intérêt criminel les amours d'autrui. D'ailleurs je n'avais pas un goût immodéré pour les récits frivoles et devant l'autel j'ai connu les *Essais* de Montaigne. J'étais ainsi avec le vieux maître de mon père et avec lui-même dans l'église où ma mère, tout près et si loin de moi, remerciait le Très-Haut qui semblait me toucher de sa grâce.

Ce n'était pas hypocrisie. Je ne me serais jamais appliquée à tromper ma mère : elle s'abusait elle-même. Mon unique souci était d'organiser mon existence pour lui donner satisfaction sans renoncer à mes plaisirs. Elle souhaitait que je fusse nonne et me vantait sans cesse les mérites du fiancé divin. C'est ce que font toutes les mères qui veulent contraindre leurs filles au mariage de raison. Certes j'aimais Jésus, mais pas au point de le lui donner pour gendre. Je n'ai jamais eu devant son image douloureuse ou béate ces élans qui emportaient quelques filles de mon âge. Il m'eut semblé indigne de contracter une telle union sans avoir l'absolue volonté de rester fidèle à l'époux. C'est pourtant ce que font, en notre siècle, quelques-unes, mais je n'ai pour elles aucune sympathie.

Il m'arrivait encore de jouer du luth, de danser, de chanter chez des femmes de haute naissance qui me trouvaient gentille et voulaient connaître mes petits talents. Ma mère résistait le plus souvent à leurs sollicitations, mais était parfois obligée d'y céder. Je m'en réjouissais parce qu'il me plaisait d'être admirée, applaudie, et parce que j'avais la permission de dévoiler mon cou et la naissance de ma gorge, ce qui m'était sévèrement interdit le reste de l'année. Dans une de ces assemblées, j'entendis une romance espagnole que tout le monde admirait ; chacun en répétait le refrain qui avait été ainsi traduit en langue française :

> Et mon amour renaît devant votre beauté :
> Qu'importe qu'il soit mort, s'il est ressuscité ?

Or, quelques jours plus tard, un prédicateur faisait un sermon sur la Passion. Il avait toutes les qualités de l'orateur, une voix douce et puissante, un visage qui intéressait les femmes. Transporté peut-être par l'ardeur de sa foi, ému certainement de sa propre éloquence et de l'admiration qu'elle inspirait, il rappelait les épreuves du Calvaire et faisait couler des larmes. Quand il montra Jésus expirant sur la Croix, il y eut un bruit de sanglots. Mais quelqu'un prononça ces mots :

> Qu'importe qu'il soit mort s'il est ressuscité ?

Un rire violent fit trembler l'église. Seul, dans sa chaire, le religieux fronçait le sourcil. Il perdait en effet tout le bénéfice qu'aurait dû lui valoir son beau langage. Il donna sur le bois de la balustrade un coup de poing qui attestait sa vigueur. Les pénitentes en furent troublées : il était bien celui qu'elles avaient prévu. Il y eut un grand silence. L'homme de Dieu protestait contre ce scandale, contre ce sacrilège. Il réclamait un châtiment. Qui donc avait osé ? Ma mère balbutia :

— C'est ma fille.

Je m'aperçus qu'elle était très pâle. Sans doute elle s'était évanouie et reprenait à peine ses sens. Elle affirma :

— Oui ! oui ! C'est mon enfant !

Je crois bien qu'elle avait raison. En vérité j'avais prononcé ces paroles malgré moi ; elles m'étaient venues aux lèvres sans que j'en fusse responsable. C'était une volonté étrangère qui parlait par ma bouche ; mais, en réfléchissant, en cherchant à me rappeler, je reconnaissais le son de ma voix. Le frère prêcheur descendit vers moi et m'invita à le suivre. Des femmes et des jeunes filles qui me connaissaient détournaient de moi leurs regards. Nul n'aurait songé à prendre ma défense. Il me semblait que j'allais au bûcher; mais je levais fièrement la tête pour marcher au supplice et je crus voir, au milieu de la rosace, le visage de mon père qui me souriait.

Le prédicateur ne me conduisait que chez le curé. Une affaire pressante n'avait pas permis à celui-ci d'entendre le sermon et il s'en excusa tandis que l'autre faisait la grimace. Le curé écouta le récit de l'interruption satanique et il me sembla qu'il avait peine à dissimuler un sourire :

— Je me charge, dit-il, de gronder cette enfant comme elle le mérite.

— Où voyez-vous une enfant ? s'écria l'orateur courroucé. C'est une femme. Considérez-vous comme une peccadille cette offense au Seigneur ?

— Jésus, répondit le curé, nous enseigne à aimer les enfants des autres puisqu'il ne nous est pas permis d'en avoir. Celle-ci n'a pas quinze ans.

— Elle a déjà le charme d'Eve.

— Considérez, continua le curé, qu'Eve n'a jamais été une enfant. C'est pourquoi Dieu ne pouvait lui être indulgent. Si elle était née fragile de l'humaine fragilité, le Tout-Puissant aurait eu pitié de sa faiblesse originelle. Mais il l'avait créée lui-même et lui avait donné aussitôt son plein épanouissement. En tombant dans le péché, Eve, comme Adam, portait atteinte au principe de perfection dont elle était directement issue. Elle n'avait droit à aucune excuse. Il n'en est pas de même de Mlle Ninon, fille d'Henry de Lanclos et de Marie-Barbe. Vous voyez que je la connais bien. Je sens, comme vous, qu'elle a offensé Dieu. Mais songez qu'elle a nui aussi à la péroraison de l'orateur. Votre modestie n'y a point pensé ; mais il me faut attirer votre attention sur ce point. En vous montrant sévère, vous risquez de faire croire que vous poursuivez le tort fait à votre éloquence. Tout le monde ne sait pas, comme moi, que vous avez dès longtemps rejeté le vain souci de la gloire. Il ne sied pas de donner prise à cette calomnie. Allez, mon frère, cette enfant vous présente ses très humbles excuses.

Le prédicateur lança au curé un méchant regard et sortit :

— Donc, me dit le curé, tout le monde a ri ? Quel scandale ! Savez-vous bien qu'il ne reviendra plus prêcher dans mon église ? Il craindrait d'y paraître toujours ridicule.

Son visage était sévère, mais ses yeux brillaient de joie :

— Et c'est le refrain d'une romance à la mode ?

— Oui, monsieur le Curé.

Je crus devoir chanter à mi-voix :

> Et mon amour renaît devant votre beauté :
> Qu'importe qu'il soit mort s'il est ressuscité ?

— La musique, dit-il, est agréable et votre voix est jolie. Mais quelle idée diabolique !

Je levai vers lui les yeux et murmurai :

— Je ne l'ai pas fait exprès !

— Vous parlez comme une enfant !

Il me donna une petite tape sur la joue, comme s'il me confirmait :

— Allez, dit-il, et ne péchez plus... ou le moins possible.

III

MON PREMIER AMANT

Mon premier amant fut Saint-Etienne. Ceux qui l'ont connu m'en ont souvent marqué leur surprise. Il est rare que les hommes approuvent notre choix. Ils comparent toujours l'élu à eux-mêmes et ne comprennent pas, en toute sincérité, comment ils ne furent pas appelés à sa place.

La réputation que j'ai pu acquérir fait tort aussi aux mérites de Saint Etienne. Si ma carrière n'avait pas été brillante, nul n'admirerait que je me fusse donnée à lui tout d'abord. Je n'étais alors qu'une très jeune fille, de petite noblesse, d'humble fortune. Je ne pouvais prévoir quelle serait ma destinée. La gloire ne m'est venue que parce que j'ai eu le temps de vieillir.

Des galants venaient volontiers dans notre maison, rue des Trois-Pavillons. Je n'ai jamais été assez modeste pour croire qu'ils recherchaient ma mère. J'avais rencontré ces jeunes gens dans les assemblées de musique et de danse, à l'église, à la promenade. Ils portaient l'épée ou ils avaient de l'esprit. Bien que nous ne fussions pas riches, les simples bourgeois ne s'efforcèrent jamais de franchir notre porte. Il en est que j'aurais accueilli avec plaisir. Je n'étais pas entêtée de noblesse. Des écrivains que j'ai admirés et chéris étaient de petite naissance : ils m'ont donné les plaisirs de l'intelligence. J'imagine que les autres plaisirs peuvent nous être donnés par un crocheteur aussi bien que par un gentilhomme.

Plusieurs étaient d'une extrême timidité. Un d'eux rougissait quand je surprenais son regard. Il plaisait beaucoup à ma mère. Elle imaginait qu'il me conduirait à l'autel. Elle pensait que les projets de cet amoureux qui gardait une telle réserve ne pouvaient être que légitimes. C'est une grave erreur. Les jeunes gens qui tremblent ainsi devant une jeune fille n'ont pas plus de hardiesse envers leurs parents. Ils sont toujours prêts à obéir, et quelle famille eût souhaité l'alliance des Lanclos ? J'étais pauvre et mon père avait disparu après une méchante affaire.

C'est en examinant le favori de ma mère que je songeai particulièrement à Saint-Etienne. Le premier me respectait. L'autre était tout prêt à me déshonorer. Pouvais-je hésiter ? Je ne m'abusais pas, comme ma mère, sur l'existence qui m'était promise. Je pouvais, en restant dans le droit chemin, épouser un courtaud de boutique, veiller sur son ménage, le seconder dans son négoce et faire une demi-douzaine d'enfants. Ce n'est pas l'avenir qui me tentait. Je voulais une vie qui fût élégante, joyeuse et je ne pouvais l'attendre d'un mari. Pourquoi perdre les années qui sont les plus belles en espérant vainement un époux ? Celle qui craint de rester vieille fille doit s'empresser de devenir femme, et, précisément, j'avais Saint-Etienne sous la main.

C'était bien celui qui devait accomplir cette tâche ingrate. D'autres en auraient été effrayés, soit que des scrupules les eussent embarrassés, soit qu'ils n'eussent trouvé aucun charme dans cette douloureuse brutalité. J'entends bien que nombre d'hommes sont flattés d'une telle besogne. Ils espèrent sottement révéler les joies de l'amour à celles qu'ils feront femmes. Ce sont des joies qu'elles ont peut-être connues avant ou qu'elles connaîtront après cette opération. Mais les auteurs d'absurdes romans peuvent seuls raconter que la première étreinte ravit en extase la créature meurtrie. S'ils ont fait cette heureuse expérience, c'est que la belle ne leur devait pas, autant qu'ils l'ont pu croire, cet enseignement. Un sage compagnon doit s'abstenir d'un tel effort. Un de mes amis me disait qu'il aimait la chair de certains coquillages, mais ne faisait pas métier d'écailler.

Saint-Etienne aimait la guerre et ce qui s'ensuit. Il buvait dans tous les cabarets de Paris quand l'armée prenait ses quartiers d'hiver. Echauffé par le vin comme par la bataille, il était enclin au viol. L'œil vif, les oreilles pointues, il semblait un faune. On pouvait avoir confiance dans la rapidité comme dans la précision de ses attaques. Il eut poursuivi une nymphe dans les bois et renversé sur l'herbe. Que n'eût-il pas fait si la fatigue de la course lui était épargnée et si le lit tenait lieu de gazon ? Enfin j'étais bien sûre de ne pas l'aimer. Je ne risquais donc pas de perdre ma tendresse dans les mouvements pénibles de l'initiation et, sans regret, je le verrais fuir quand il redouterait les suites de son acte.

Quand il m'eut serrée rudement contre sa poitrine au risque de froisser et d'écraser la délicatesse de mes seins, quand il eut goûté mes lèvres de sa bouche qui sentait le vin et le tabac, il estima que j'étais soumise à son pouvoir et me proposa de le rejoindre, dès le lendemain, dans une chambre proche de la Place Royale :

— C'est, lui dis-je, que je n'ai jamais accordé une telle faveur, et j'ai peur.

Son sourire me fit comprendre que je ne regretterais rien. L'ayant ainsi prévenu de l'effort qu'il devrait fournir, je le regardai tendrement. Ne faut-il pas encourager ceux qui sont appelés à nous rendre service ? Il fut ému de la gratitude qu'exprimaient déjà mes yeux. Je crois même qu'il m'adressa de douces paroles. Il était fiévreux de sa victoire. Je le retrouvai moins enflammé. Dès que je fus dans la salle où il m'attendait il me dit qu'il ne pouvait croire à son bonheur, que l'orgueil de cette conquête l'avait empêché de dormir. Son visage était marqué de lassitude et je me sentis inquiète de son état. Sur une table usée était un flacon de vin des îles. Il me tendit un verre que j'effleurai des lèvres et qu'il vida. Il en parut ragaillardi et commença de me déshabiller non sans adresse. Il est vrai que je ne me débattais pas. Je me gardai bien de lui opposer ces dernières résistances de la pudeur qui sont, pour l'un et l'autre, une inutile fatigue. Ses mains qui s'attardaient à certains détails de mon corps ne m'étaient pas désagréables, — et bientôt je fus nue dans le lit sous une toile un peu rude. Il passa, pour se dévêtir, dans un réduit voisin.

Je regardai à loisir cette salle aux rideaux fanés, au plancher poussiéreux. Une tapisserie vulgaire pendait au mur et représentait les amours de Daphnis et Chloé. Le jeune berger semblait craintif. Sans doute il n'avait pas encore reçu les leçons maternelles de l'aînée ou bien l'enseignement avait été trop bref. Chloé se demandait si elle subirait la métamorphose espérée. En voyant ces deux petits personnages, je me félicitai d'avoir fait appel à l'expérience d'un homme. Il me parut que Daphnis ressemblait au soupirant dont la retenue plaisait à ma mère. J'étais heureuse de ne m'être pas confiée à sa timidité. Il n'aurait jamais eu l'audace de me conduire dans ce lieu, sur cette couche qui avait soutenu tant d'autres couples ! Mais Saint-Etienne avait trouvé aussitôt, sans effort et tout près de notre logis, l'endroit convenable à cette première rencontre. Que lui fallait-il pour accomplir son dessein ? Une chambre et un lit. J'étais venue, j'étais couchée, et il se préparait, derrière la mince cloison, à prendre ce que je lui avais promis.

Il fut bientôt près de moi. Depuis de longues années, j'étais curieuse de connaître l'effet que pourrait produire sur ma chair le contact d'un corps masculin. Je crois bien que toutes les petites filles, si elles ne sont point nées insensibles, sont poursuivies par cette idée. Comment ne penseraient-elles pas souvent à la nudité ? Tout les y contraint. Sans cesse il leur est rappelé que la chair est l'attrait dont use Satan pour s'emparer des âmes. Nous sommes toutes tentées de connaître ce que nous redoutons. Nous cherchons Adam sous le vêtement de feuillage, Noé sous le manteau qui cache son ivresse. L'image du dieu qui nous ordonne la chasteté a de quoi nous intéresser. Il nous offre, sur la Croix, des formes agréables et jeunes. Nous devons contempler avec ferveur ce corps harmonieux qui n'a pas trop souffert du supplice. Ainsi il nous est sévèrement interdit d'imaginer ce que peut être un homme et nous devons suspendre au-dessus de nos lits la beauté dévêtue de ce séduisant Oriental qui nous ouvre ses bras.

En mon honneur, Saint-Etienne s'était parfumé de civette. Je fus sensible à cette attention bien que cette odeur me parût à la fois trop fade et trop violente. Je me croyais chez un marchand d'essences et ce n'était point ce que j'étais venu chercher. Il avait eu grand tort de faire cet effort pour dissimuler sa personnalité. J'aurais voulu qu'il fût naturel, sans apprêt, puisque j'espérais de lui les renseignements les plus précis sur l'homme. Je dois dire qu'il ne tarda pas à m'en fournir quelques-uns. Le commerce qu'il avait eu avec un grand nombre de femmes lui donnait de l'aisance. Il s'efforçait de la refréner pour me mettre en confiance. Je fus un peu irritée de cette délicatesse qui m'effleurait à peine, qui semblait avoir pitié de ma fragilité :

— Vous êtes une petite fille, me dit-il, et l'impatience que vous témoignez montre seulement que vous avez peur. Le soldat qui, pour la première fois, marche au feu désire vivement que l'action s'engage. Tout lui paraît préférable au supplice de l'attente. Il n'en est plus de même quand il est aguerri. Etes-vous si mal dans mes bras ? Ne voulez-vous pas me permettre de sentir le charme de ces épaules, de cette gorge ? Il n'est pas nécessaire d'être goinfre pour démontrer que le repas excite notre appétit ? Boit-on un vin précieux comme une boisson vulgaire ?

En vérité, il parlait trop. Mais, au moment où je faisais cette réflexion, nous ne pouvions plus parler ni l'un ni l'autre. Je sentis son ardeur, sa force, sa brutalité. J'étais décidée à ne lui opposer aucune résistance et, malgré moi, mon corps se défendait contre ses attaques. Il n'était plus question de m'accorder un répit que j'aurais rougi d'implorer. Il m'étouffait ; ses mains me faisaient mal ; ma seule pensée était de ne pas lui montrer ma faiblesse en laissant échapper un gémissement, un cri. Et pourtant j'ai crié de douleur dans ses bras, meurtrie, vaincue, prise. J'ai vu la fatuité de son sourire ; ses yeux ont semblé s'agrandir et s'éteindre ; sa bouche est devenue froide et l'étreinte s'est desserrée. Il semblait sommeiller. L'homme se croit vainqueur parce qu'il peut nous blesser ; mais la souffrance ne nous enlève pas nos forces. Les femmes possèdent la meilleure arme : elles donnent la joie qui épuise. Il faut que nous soyons bien sottes si nous ne triomphons pas aisément dans la lutte amoureuse, tant que nous n'obéissons pas nous-mêmes à de dangereux transports. Mais le plus ordinairement, nous sommes préservées de l'extase : c'est ce qui assure notre supériorité. La vanité masculine ne saurait l'admettre, et c'est encore pour nous un précieux avantage. Je tirais aussitôt ces conclusions en regardant Saint-Etienne assoupi.

La couverture glissa et je ne fis rien pour la retenir. Comment n'aurais-je pas saisi cette occasion d'examiner mon amant ? Le visage n'était pas d'une beauté régulière ; mais il avait une expression qui plaît aux belles : il révélait un personnage sans scrupule, ardent, cynique. La peau était brune et fine; les bras, ronds et vigoureux; la poitrine bombée comme une cuirasse, le ventre creux, la taille fine, les jambes longues méritaient d'être regardés. Il ouvrit les yeux et s'écria :

— Ah ! Petite effrontée ! Eh bien ! Ai-je le bonheur d'être à votre goût ? Mais vous n'avez pas vu le dos !

Il se retourna. Entre les épaules, je vis une profonde cicatrice. Je pensai aussitôt qu'il voulait me faire admirer une glorieuse blessure et je le félicitai d'avoir souffert pour le Roi :

— Si c'était un souvenir de guerre, je voudrais avoir été frappé de face, dit-il. Mais c'est un coup de couteau que me donna par traîtrise le frère d'une garce tandis que je m'étais endormi. J'eus la force d'assommer ce parent avant de m'évanouir. La vilaine eut aussitôt de la tendresse pour moi, me soigna et ne voulut plus recevoir de ma main l'argent qui lui était pourtant très nécessaire. Je fus cher à toutes ses amies et je me demande comment je n'en ai pas sué la vérole. Ce m'est un plaisir de vous dire que j'y ai miraculeusement échappé et que vous ne devez avoir aucune crainte. Mais il faudra vous en méfier puisque vous appartiendrez à plusieurs hommes. Car vous ne comptez pas m'être fidèle ni à aucun autre ?

Je ne pus m'empêcher de sourire :

— Du moins, me demanda-t-il, me garderez-vous quelques mois ?

— Mais aussi longtemps que vous le voudrez bien.

Il me contempla tendrement. Je voyais dans ses yeux le contentement de soi-même que je devais si souvent observer dans les regards des amants quand ils ont l'illusion d'avoir transporté la maîtresse au-dessus de la réalité. Il se disait que j'étais tout à lui comme les filles dont il venait de me parler. Sans doute je devais lui savoir gré, moi aussi, du sang répandu.

— Croyez-vous, dit-il, que la femme reste marquée par celui qui l'a faite femme ? On affirme que, pendant toute son existence, elle ne se dégage pas de cette impression première. Elle conserverait pour cet heureux homme un sentiment tout particulier.

— Et pourtant, soupirai-je, tant d'épouses, qui

étaient vierges le soir des noces, firent ensuite leurs maris cocus.

Il estima sans doute qu'il n'avait aucun intérêt à prolonger l'entretien. Dans le silence, il tenta d'établir de nouveau une autre correspondance ; mais je lui fis remarquer que ma mère m'attendait à l'église :

— Je m'efforcerai, dit-il, de ne pas vous regarder tandis que vous vous habillerez et je ne tenterai pas de vous aider. Les hommes peuvent n'être pas trop maladroits à dévêtir une femme ; mais leur empressement à les ajuster de nouveau est toujours importun.

Je lui sus gré de cette discrétion. Elle aurait suffi à me prouver qu'il n'était pas un apprenti dans le métier. J'eus plaisir à le laisser dans le lit. Je lui donnai mes lèvres en jetant un coup d'œil à Daphnis qui, sur la tapisserie, faisait la moue, et, dans la rue, je poussai un soupir profond comme si j'étais soulagée d'un grand poids. Le soir même il nous fit visite. Il fut plus sympathique à ma mère et, quand il nous quitta, elle me dit :

— Il a certain air, certaines manières qui me font songer à votre père.

Je crois qu'elle avait raison.

IV

MES PREMIERS PAYEURS

Je n'eus pas grand'peine à me débarrasser de Saint-Etienne. J'avais obtenu de lui ce que je souhaitais. Il se faisait importun, venant trop souvent au logis, réclamant du vin, s'installant à notre table. Ma mère en prenait de l'ombrage et, comme je le priais de montrer devant elle quelque retenue :

— Ne sait-elle pas tout ce qui en est ? s'écriait-il. Elle a raison de se donner des airs de piété. Il convient qu'une fille comme toi ait une mère très dévote et qui semble ignorer les manières de son enfant. Mais je ne suis pas dupe de ce jeu et je te le prouverai, s'il le faut, en te prenant devant la bonne dame.

Elle en serait morte de honte et de saisissement. C'est qu'il eût fait comme il le disait. Je voulus nous mettre à l'abri de son extravagance. Il me suffit de prendre un visage heureux et grave en lui annonçant qu'il serait bientôt père. Deux jours plus tard, il avait trouvé un prétexte pour s'éloigner. La tranquillité nous était revenue et je m'en félicitai. Ma mère fut surprise de ma gaîté :

— Je craignais, me dit-elle, qu'il ne t'eût inspiré de l'amour. Je suis heureuse de voir qu'il n'en est rien. Je n'aurais pas choisi un tel gendre.

— Ni moi un tel mari.

Les journées pourtant me semblaient vides. Je ne souhaitais pas le retour de Saint-Etienne dont la présence m'était devenue odieuse. Mais j'avais pris l'habitude aimable de le rejoindre l'après-midi dans un lit. Je me sentais désœuvrée. C'est, ordinairement, le cas des femmes qui perdent un amant. Il est possible qu'elles souffrent, mais il est certain qu'elles ne savent plus comment employer leur temps. Malgré sa vigueur, sa bonne volonté et son art, Saint-Etienne ne m'avait pas communiqué l'ivresse. Elle n'est pas aussi répandue dans le monde que le veulent faire croire les hommes. Ce n'est pas qu'ils mentent. Ils pensent très sincèrement que toutes leurs compagnes se pâment de bonheur dans leurs bras. Elles sont assez polies pour les remercier d'une joie dont elles n'ont pas senti les effets. Elles rougissent, — on ne sait pourquoi — d'y être rebelles et se livrent à des manifestations de plaisir pour se duper elles-mêmes ou pour s'entraîner. M. Pascal a conseillé aux incrédules de pratiquer la religion pour obtenir la foi. C'est ainsi qu'agissent les femmes qui feignent l'extase pour recevoir la révélation de l'amour.

J'étais curieuse de voir un autre homme et c'est pourquoi je cédai au chevalier de Raré qui n'avait pas plus de mérite que Saint-Etienne. Il avait grandi à l'hôtel d'Orléans et en avait rapporté du goût pour la débauche et la rébellion. Peut-être n'aurait-il jamais commis une friponnerie s'il avait eu de grandes richesses ; mais il était pauvre. Ses vices et son malheur ne l'empêchaient pas d'être gai. C'est pourquoi il m'a plu.

— C'est un bien honnête homme, disait ma mère, et je lui confierais tout mon bien.

Je veux croire que c'est par mégarde qu'il emporta mes plus belles dentelles. Elles ne valaient pas très cher et je n'en avais guère. Cette perte me fut sensible, mais ne lui fallait-il pas de quoi boire et jouer ?

La mort de ma mère brisa cette union. Il me querella sur l'éclat de la cérémonie. Il trouva qu'il y avait trop de cierges, trop de fleurs, trop d'ornements, trop de prêtres. Il pensait peut-être que l'argent ainsi dépensé pour honorer la défunte aurait été mieux employé à réjouir les vivants :

— Considérez, me dit-il, que votre pieuse mère, si elle contemple du ciel ses funérailles, doit être offensée d'un luxe qui est si contraire à l'humilité chrétienne. Pour obéir à sa volonté, vous auriez dû la traiter comme une misérable : nous sommes tous égaux devant la mort. Mais toutes celles qui vivent en dehors de l'Eglise montrent envers elle une excessive générosité, comme si elles voulaient lui faire regretter de ne les pas compter au nombre des fidèles.

Je l'exhortai à exprimer toute sa pensée et à déclarer que les courtisanes sont toutes glorieuses de faire porter pompeusement leurs parents dans la maison de Dieu.

— Il est vrai, me dit-il ; mais vous n'êtes pas une courtisane. Je ne me suis pas aperçu, du moins, que quelqu'un payât.

Etait-ce un regret ? Etait-ce un conseil ? Ce me fut un sujet de méditation pendant la retraite que je fis après la mort de ma mère. Comme il était de mode, j'avais pris une chambre au Carmel. J'y recevais quelques visites. J'avais interdit ma porte au chevalier ; mais, plusieurs fois, Mgr de Lavaur m'y offrit le réconfort de sa parole. Ma tante avait épousé son frère aîné. Il avait obtenu la crosse et l'anneau en servant avec dévouement le Cardinal de Richelieu. Il ne me poussa pas à prononcer mes vœux. Il savait que je n'avais pas la foi.

— Elle peut naître en vous, me disait-il. On la voit éclore parfois dans les âmes des prélats. Vous ne devez pas désespérer de la grâce divine.

Ainsi parlait celui que je nommais mon oncle, bien qu'il ne fût que le beau-frère de ma tante ; son habit sacré lui aurait permis de m'appeler sa fille, mais il préférait dire : « Ma nièce ». Sa venue me valut la considération des Carmélites qui tenaient en estime sa dignité. Dans cet asile je goûtai le repos et j'y retrouvai mes forces, sinon ma pureté. Je vis avec horreur où me conduirait une existence de désordres avec des compagnons tels que Saint-Etienne et le Chevalier. Je me promis de n'y point retomber et de choisir avec soin des payeurs.

Il ne faut jamais en avoir un seul. C'est lui donner tous les droits. Il pense que la femme dépend de sa générosité. Tout naturellement il devient à la fois exigeant et avare. S'il sait, au contraire, qu'un autre subvient aussi à l'entretien de sa maîtresse, il ressent une noble émulation, paie plus largement et surtout est moins tyrannique. Il se dit que la belle ne mourrait pas de faim si elle venait à le perdre. Il entrevoit la possibilité d'être mis à la porte et cette considération l'oblige à la politesse. Certaines, qui débutent, imaginent qu'il est difficile d'associer ainsi deux ou trois payeurs. Rien n'est plus aisé. Il suffit d'expliquer à chacun d'eux qu'il paie moins que les autres, et de lui raconter les moyens ingénieux qui soutirent à ses collègues des sommes imprévues. Ainsi chacun se croit le favori et le complice.

Je pris donc Jean Coulon, conseiller au Parlement. C'était un ivrogne et un débauché. Même parmi les magistrats il faisait scandale. Il avait dissipé sa fortune, mais il avait de hautes protections qui étaient les protecteurs de sa femme. Son épouse était son meilleur revenu. Je ne traitai avec lui qu'après m'être assuré que d'Emery, l'homme des finances, fournissait largement sa maison. Mais Mme Coulon me joua un méchant tour. Elle poussa les hauts cris, dénonça ma conduite. Des femmes de qualité me fermèrent leurs portes. Pouvaient-elles recevoir Ninon qui acceptait l'argent d'un amant sans être mariée ?

Jean Coulon s'amusait fort de la colère à laquelle s'abandonnait sa femme. Il prit la peine de lui expliquer les motifs de sa conduite :

— Je vous laisse en paix, m'amour. Je me garde d'effleurer votre beauté qui est devenue la propriété de notre ami le financier. Mais je suis jeune encore et vigoureux. Je dois trouver ailleurs les joies que vous ne pourriez me donner sans être infidèle à votre amant. Je ne suis pas de ces maris indélicats qui font cocus les payeurs de leurs femmes. Je puise avec mesure dans la communauté conjugale les moyens de ne pas coucher avec vous.

Je tentai de lui expliquer que, sans renoncer à l'accueillir, et pour la bienséance, il conviendrait que j'eusse un autre payeur. Je continuerais à le recevoir, mais en secret, ce qui imposerait silence à son épouse. Il ne voulut rien entendre, m'affirma qu'il trouvait mille douceurs en ma compagnie, mais qu'il lui plaisait surtout de faire enrager sa femme. C'était en effet la plus grande joie qu'il pouvait rencontrer près de moi et je ne lui en accordai guère d'autres. Mais il reconnut que je ne pouvais vivre luxueusement avec les cinq cents livres qu'il me versait chaque mois. Pour augmenter cette pension, il songea à ne plus fréquenter les cabarets. Je lui représentai qu'il tomberait malade et que je ne le voulais pas. Il fut ému du soin que je prenais de sa santé :

— J'accepte donc un associé, dit-il, mais c'est à condition que mon nom demeure sur l'enseigne de la maison ; j'en veux conserver la gloire et que mon épouse crève de dépit. Je désire aussi que ce nouveau venu ne me déplaise pas.

Nous examinâmes ensemble les titres de ceux qui sollicitaient la faveur de me venir en aide. Quand il apprit que le comte d'Aubijoux en était, il s'écria :

— C'est notre homme ! Prenons Aubijoux ! Il a du bien et de la sagesse puisque jamais il ne s'est marié. C'est un bon compagnon et je peux vous le garantir : souvent nous fîmes partie ensemble quand il avait les faveurs de la Présidente Tambonneau dont la sœur m'appartenait comme chacun sait. Aubijoux, c'est un autre moi-même. Il boit autant et plus que moi. Le malheur est qu'il est impie tandis que jamais je n'ai perdu la foi. Il se peut aussi, — ce qui est plus grave, — qu'il ne soit pas en parfait état. La présidente eut tant d'aventures avec les Gascons de Paris ! Il est certain qu'elle fut malade et que le président en fut atteint ; il n'a jamais cessé d'aimer sa femme et ne s'est pas défié des galants. Comment donc ! La présidente en est même un peu folle. Elle se promenait toute nue dans son jardin du Pré-aux-Clercs. C'est un point qu'il faut considérer. Mais Aubijoux est homme d'honneur et me dira franchement s'il peut prétendre à vos faveurs sans mettre en péril votre santé et la mienne.

Aubijoux prouva qu'il se portait bien. Je n'aurais pas couru grand risque : il ne m'approcha guère. Les payeurs sont d'une réelle discrétion si nous savons bien les choisir. Il leur importe de se montrer près de nous, d'avoir la réputation d'être nos amants. Ils tiennent au titre plus qu'à la fonction. Ceux-ci préféraient à la femme la bouteille. Les ivrognes nous laissent en paix. Ils nous apportent de grandes incommodités, mais nous épargnent la plus fâcheuse. Plus tard j'eus aussi pour payeur le fragile Moreau, conseiller au Grand Conseil. Il était si faible qu'il ne pouvait me témoigner que sa tendresse et mourut à vingt-deux ans.

Les clameurs de Mme Coulon, la façon dont je vivais avec son mari et Aubijoux me permettaient difficilement de garder ma qualité de jeune fille. Je n'hésitai plus à me laisser conduire chez Marion de Lorme qui habitait place Royale. Elle était née, comme moi, de petite noblesse. Elle avait abandonné le château paternel de Champagne pour s'enfuir avec Des Barreaux qui l'aima toute sa vie. Tout d'abord elle s'était appliquée à conserver une apparence correcte. Sa mère, qui ne ressemblait pas à la mienne, lui était fort utile et gardait la maison tandis qu'elle rejoignait un galant dans un autre logis, au faubourg. Mais la vérité fut bientôt connue et Marion ne pouvait plus dissimuler. Le goût que le Cardinal de Richelieu eut pour elle assura sa tranquillité ; elle avait besoin d'un appui, car elle était entrée en rivalité avec le roi lui-même en lui disputant l'amour de Cinq-Mars. Elle était si belle qu'elle pouvait sans danger m'accueillir avec amitié.

Comme l'armée prenait ses quartiers d'hiver, le duc d'Enghien et ses officiers revenaient à Paris, victorieux, avides de plaisirs. La maison de Marion retentissait de leur jeunesse et de leur gloire. C'était chaque jour une assemblée de soldats, de seigneurs, de poètes, de philosophes. J'y rencontrai Saint-Evremont qui me plut aussitôt. Il suffisait de le voir pour comprendre qu'il était voué à l'amitié et il fut mon ami jusqu'à sa mort. Le petit Scarron pouvait moins que lui prétendre à l'amour et fut aussi mon ami. Marion de Lorme, qui était dévote, redoutait un peu leur impiété : elle s'efforçait alors de ramener à la religion catholique Gaspard de Coligny. Le jeune homme portait le nom de l'amiral que vénéraient toutes les familles de la religion réformée. L'amiral qui fut tué la nuit de la Saint-Barthélemy n'était-il pas un martyr ? S'il avait triomphé, sans doute serait-il devenu un bourreau : tous ceux qui croient détenir la vérité veulent en faire bénéficier les autres. L'esprit divin animait Marion et elle avait décidé de ne recevoir Coligny sur sa couche, dans ses bras, que s'il devenait bon catholique.

Il le devint et sa famille en fut désespérée. Les remords empoisonnèrent-ils la joie de Coligny ? La récompense qui lui avait été promise, et qui lui fut loyalement accordée, ne lui sembla pas aussi douce qu'il l'avait imaginé. Il se détourna vite de Marion. Je cédai sans doute à un mouvement d'orgueil en voulant retenir celui que la Grande Marion n'avait pu garder. Il est aisé de prendre un homme, mais difficile de se l'attacher. Ce m'était une occasion de mesurer mes jeunes forces avec le savoir que Marion devait à l'expérience. Ce renégat m'intéressait. Il était beau et semblait vigoureux. Je me promettais mille joies d'une ardeur qui avait tout sacrifié au désir. Il ne m'opposa qu'une faible résistance, mais je ne rencontrai pas la violence que j'étais en droit d'espérer. Je ne voulus pas le condamner trop vite.

Il est des hommes qu'une première entrevue rend hésitants et timides. Il leur faut le temps de s'habituer à leur nouveau bonheur. Ainsi des chevaux bronchent d'abord devant un obstacle qu'ils franchissent ensuite avec une allégresse fougueuse. Mais Coligny ne revint pas et j'essayai vainement de le ramener. J'en ressentis du dépit et même de la tristesse. L'espoir de vaincre Marion, la fureur d'amour que je prêtais à ce jeune homme m'avaient fait sentir une joie jusqu'alors inconnue. Ma vanité et ma sensibilité me poussaient à la vouloir éprouver encore. J'allai jusqu'à me promettre à La Moussaye, qui depuis plusieurs mois me suppliait vainement, s'il me procurait la faveur d'être une fois encore à son ami. Il accepta le marché et persuada Coligny de m'accorder ce que je souhaitais. Mais, dans ce nouveau tête-à-tête, Coligny fit preuve d'une telle mollesse que j'en ressentis plus de mépris que d'humiliation. N'ayant rien obtenu de sa faiblesse je crus ne devoir aucune récompense à La Moussaye qui m'accusa de mauvaise foi.

Bientôt Coligny épousa Isabelle-Angélique de Montmorency. Nous connûmes qu'il l'aimait depuis longtemps. Jamais sa mère n'aurait accepté pour gendre un huguenot, et le traître le savait bien. Peut-être avait-il sournoisement fait naître dans l'esprit de Marion l'idée de lui demander le sacrifice de sa religion pour préparer la possibilité de son mariage. J'ai toujours pensé que nous avions été ses dupes. Il aurait ainsi toutes les qualités d'un profond politique ; mais le ciel, dont il s'était joué, le relégua parmi les médiocres officiers. Ce fut son châtiment. Ma présomption fut punie puisque je perdis en cette aventure l'amitié de Marion.

V.

MON PREMIER CERCLE

J'ouvris donc ma maison. Elle était petite, comme la maison de Socrate. Comme lui, je souhaitais qu'elle fût pleine de vrais amis ; mais, trop souvent, les hommes ne se contentent pas de cette qualité : ils veulent être des amants. Il en résulte des mouvements désordonnés, des cris, des gémissements, une grande confusion. Leur vanité s'attache à conquérir un bien faible espace. S'il leur est refusé, ils croient qu'ils ne possèdent rien. Une femme prend plaisir à recevoir un homme. Elle parle volontiers avec lui, chaque jour. Elle accueille ses confidences, le réconforte, le soutient. Elle lui donne les preuves répétées de son affection. Il ne peut douter qu'elle mette à son service son esprit et son cœur. Il croit pourtant n'avoir rien obtenu d'elle si elle ne lui a pas donné ce qu'il pourrait obtenir de mille autres facilement et à faible prix.

Ils ne devraient arriver chez nous qu'après s'être délivrés de ce souci. J'ai songé à avoir de jeunes servantes qui seraient prêtes à calmer ces ardeurs importunes. J'aurais confié à leurs soins le soupirant qui devient trop pressant. Il me serait revenu rasséréné et nous aurions pu poursuivre en paix la conversation. J'ai même accordé ce qui m'était demandé avec trop d'entêtement. Mais j'ai constaté, — je le dis sans orgueil, — que les malheureux ne se contentaient pas d'une aumône : ils imploraient bientôt un don nouveau. Ainsi ma liste de pauvres se serait accrue indéfiniment. Nous serions plus généreuses si, dans la suite, ils n'insistaient pas indiscrètement. C'est une joie de donner à qui n'en prendra pas prétexte pour tendre encore la main ou même pour exiger, mais saura en conserver un souvenir aimable, muet et que nous apercevrons parfois en ses yeux. Ah ! qu'il est difficile pour une femme d'entretenir avec un homme cette pure amitié !

Je n'ai jamais voulu jouer à la cruelle comme il était de mode à l'Hôtel de Rambouillet. Les hommes qui auraient soupiré trop constamment m'auraient vite lassée. Je n'ai jamais aimé les gestes honteux non plus que les paroles sales. Mais je les préfère encore aux attitudes guindées et aux phrases trop soigneusement polies. J'ai toujours pensé, comme Scarron, que, sans les *coyonneries*, toute conversation périt. Le grand charme de la vie, j'ai éprouvé que c'est la douceur de l'abandon. Je ne me suis jamais piquée de résister pendant vingt années à qui me plaisait et j'ai toujours entendu avec impatience les discours pompeux ou subtils.

Je veux bien croire que les divinités de l'hôtel de Rambouillet régnaient sur des hommes qui mouraient pour elles, mais assurément ils vivaient pour d'autres, — et je l'ai souvent constaté. La nature a ses lois. Les chastes amants qui s'enflammaient rue Saint-Thomas-du-Louvre et n'obtenaient rien, apportaient leur ardeur Place Royale ou rue des Trois-Pavillons. Marion se chauffa souvent à ces feux, — et moi-même. En vérité, il n'y avait qu'à choisir.

C'est un grand divertissement de voir passer des garçons aimables et de se dire qu'ils seront près de nous quand nous le voudrons, à notre gré. Le costume tombera et, avec lui, tout ce qui cache la vérité de l'être. Ce gentilhomme, vêtu de soie, de velours, de dentelles, m'apparaîtra tout à l'heure tel qu'il serait dans un pays sauvage. Il n'aura plus aucun rang dans le monde et, si je faisais déshabiller près de lui ce laquais, à qui donnerais-je la préférence ? Lequel aurait plus de grâce, plus de beauté, et tenterait davantage ma convoitise ? Lequel saurait le mieux m'aimer ? Certes, j'ai confiance en cette jeunesse élégante et forte, dans la douceur brune de cette chair. Celui-ci doit être harmonieux et puissant comme un dieu païen ; mais cet autre, au visage douloureux, ne donnera-t-il pas une fièvre exquise ? Ne lit-on pas sur sa figure les traces des ivresses trop violentes qu'il a ressenties, qu'il promet ? Je vois les mains de celui-ci, des mains longues, des mains de malade qui doivent effleurer, caresser ; mais ces mains courtes, aux doigts forts, peuvent meurtrir. Je serai bien contre cette épaule et je baiserai la rondeur de ce cou. Ces lèvres trop minces échapperont à mes lèvres et je sentirai la morsure des dents blanches ; mais cette bouche qui ressemble à un fruit et qui me donnera sa mollesse savante ! Lequel prendrai-je ? Lequel aujourd'hui... tout à l'heure ?... Pourquoi donc hésiterais-je plus longtemps à vivre à mon gré, librement comme font les hommes ?

J'eus grand tort de faire connaître à quelques

amis ce dessein de vivre en homme. Je le disais en badinant ; ils le répétèrent sans rire et d'autres méditèrent gravement sur ces mots. J'en fus fâchée. Je ne redoutais pas d'être blâmée par de sévères censeurs ; mais il me déplaisait de sembler proposer une méthode d'existence et de prendre figure de pédante. Je n'eus jamais l'idée de construire une philosophie pour justifier mes faiblesses devant la tentation. Ce qui me chagrina le plus, ce fut d'avoir des disciples. Nombre de femmes voulurent suivre mon exemple et quelques-unes me demandèrent des leçons. Certaines imaginèrent même qu'en réclamant une liberté toute masculine, je voulais perdre les manières de mon sexe et chasser sur les terres des seigneurs. Je ne fus jamais sujette à cet égarement. J'ai souvent repoussé les présents de princesses trop tendres ou trop fougueuses. Je n'étais pas révoltée par ces actions que, depuis l'antiquité, l'usage autorise. Mais supportant sans douleur les naturelles violences de l'amour et même y prenant parfois plaisir, je devais éconduire les suppliantes. Elles étaient très étonnées d'apprendre les raisons qui m'éloignaient de leur culte et pensaient que j'étais malade ou bien folle.

Il est vrai que j'avais près de moi des jeunes gens

qui avaient fait leurs preuves. Je me sentais tout particulièrement attirée par ceux qui avaient servi chez Mme de Rohan, et, grâce au ciel, il y en avait quelques-uns. Les souvenirs qu'ils m'ont laissés sont tout à l'honneur de la duchesse. Ils avaient tous des mérites et si la dame les paya cher, il faut avouer qu'ils ne valaient pas moins. Je leur demandai seulement de ne pas me battre. C'est une habitude qu'ils avaient prise chez Mme de Rohan. Miossens, qui fut depuis maréchal d'Albret, fut tout étonné de me voir mal accueillir un soufflet. Il m'expliqua aussitôt qu'il ne tenait pas à me frapper, qu'il ne le faisait que pour me donner toute sa mesure. Il me conta que la duchesse prenait plaisir à être rossée, qu'elle imposait à tous ses amants cette fatigue nouvelle, comme il le tenait de M. de Candale et de quelques autres. Elle tapait fort elle aussi et même égratignait. Ainsi elle était venue meurtrir Miossens jusqu'en son lit parce qu'il lui avait désobéi en assistant au bal du Louvre. Il crut qu'il en demeurerait perclus. Heureusement il n'en fut rien et il me le prouva bien souvent, sans qu'il m'en coûtât, comme à la duchesse, deux cent mille écus. Jarzé, à qui elle donna moins d'argent, valait tout autant, comme je l'ai constaté. Mais il n'était pas aussi soucieux de sa fortune. Son défaut était de ne point songer toujours à ce qu'il faisait. Il se laissait aller à ses rêves, ce qui lui fit subir l'exil : ne s'était-il pas imaginé qu'il était amoureux de la reine et qu'elle répondait à ses vœux ? Sa distraction lui coûta même la vie : par mégarde il se fit tuer par un de ses soldats. Parfois il était bien loin des bras qui le tenaient, mais, quand il revenait, il avait de quoi se faire pardonner cette absence. Je regrette de n'avoir pas eu Chabot qui appartenait à la famille : il ne servit pas chez la duchesse de Rohan, mais chez sa très jeune fille qu'il épousa enfin. Il imagina les jeux de la *moquette* qui réunissaient dans une chambre, toute fermée de tapis, Mlle de Rohan et ses parentes, Chabot et ses amis. Des divertissements mythologiques permettaient à chacun d'être tout nu. Quand je rencontrai Chabot chez Marion il m'eût été facile d'organiser avec lui la *moquette*. Je ne crois pas que je fus à Palluau qui pourtant avait de la fougue, comme il le montra en provoquant Gassion ; mais je me rappelle que Vardes me plaisait, tout bouillant de jeunesse, prêt à tirer l'épée comme il fit contre le comte de Lude qui devint son meilleur ami, après qu'ils se furent blessés profondément, mais curieux des lettres et des sciences et s'attristant soudain comme s'il regrettait de n'avoir pas, malgré les efforts de tant de femmes, rencontré l'amour.

Le Maréchal d'Estrées, qui avait plus de soixante-dix ans, regardait avec intérêt les entreprises de ces jeunes gens. L'âge avait à peine refroidi son ardeur et, tout récemment, le laissant avec une jeune fille tandis qu'il lui fallait recevoir un importun, une de ses vieilles amies avait dû revenir parce qu'elle entendait des cris. C'était la demoiselle qui appelait à l'aide :

— Vous ne deviez pas me laisser seul avec elle, expliqua-t-il. Je ne la connais pas et ne savais que lui dire.

Il m'en eût conté bien volontiers et sans doute j'aurais dû m'instruire auprès d'un homme qui avait acquis une telle expérience. Il était né d'un sang généreux et il était plus débauché que ses six sœurs qui d'ailleurs lui ont toutes appartenu. Elles se félicitaient d'avoir sous la main un frère aussi utile. Il consacrait ainsi à sa famille six jours de la semaine et, le septième, il allait dans le monde. Ce dérèglement abrégea son existence ; il n'avait que cent deux ans quand il mourut.

Mais j'ai toujours eu du goût pour la jeunesse. Je pouvais choisir parmi ceux qui faisaient escorte au duc d'Enghien et qu'on appela bientôt *les petits-maîtres*. Ils cherchèrent presque tous à me plaire ; jamais pourtant ils ne se prirent de querelle en se disputant mes faveurs. Ils avaient confiance en mon inconstance; aucun d'eux n'avait la prétention de me fixer et chacun attendait son tour. J'eus aussi leur chef, leur idole, le prince chéri de la victoire. Je n'aurais pas été assez vaine pour tenter de résister à celui qui avait rompu les plus dures bandes d'Espagnols. Je trouvais même qu'il tardait un peu à m'attaquer. Je me disais qu'il était tout triste encore d'avoir été séparé de Mlle du Vigean pour épouser Mlle de Maillé-Brézé. Pourtant l'homme se console volontiers auprès d'une femme quand il vient de perdre celle qu'il aime et d'être lié à celle qu'il ne saurait aimer. L'occasion m'était doublement favorable et ma vanité aurait été cruellement blessée de cette longue attente si le prince n'avait été ordinairement rebelle aux attraits de notre sexe.

Un soir vint pourtant où il entra dans mon lit. Il était d'une laideur séduisante. Ce visage maigre, ces yeux ardents, ce nez puissant prévenaient en sa faveur. Il rejeta hardiment tous les voiles. Il pouvait, sans rougir, montrer son corps de jeune athlète. S'il est vrai qu'il fût sensible à la beauté masculine, il était assez logique pour ne point s'efforcer de paraître efféminé. Il n'empruntait pas aux Grecs la coutume de polir sa peau et de l'épiler. Jamais je ne vis un partenaire aussi velu. Si je ne l'avais soigneusement regardé, j'aurais pu croire qu'il portait encore un vêtement de laine ou de soie quand il me prit dans ses bras et me serra contre lui et j'avais tout lieu d'espérer qu'il serait lubrique comme un singe.

Il me parla de Saint-Etienne qui lui avait fait confidence de ma première aventure et me demanda si j'en avais été déçue autant que le fut Mlle de Sallenove. Il me pria de l'excuser d'avoir protégé l'enlèvement de cette jeune fille dont les quarante mille écus étaient bien nécessaires à Saint-Etienne. Il me confia sa tristesse d'avoir épousé Mlle de Maillé-Brézé :

— Je sais bien, dit-il, que nous ne pouvons nous marier comme le voudrait notre cœur. Mais je ne peux me défendre de ressentir pour la nièce l'antipathie que m'inspirait son oncle le Cardinal. Je crains même d'en avoir un enfant. Il me semble qu'elle est folle comme sa mère qui n'osait s'asseoir parce qu'elle croyait avoir un cul de verre ou comme le grand Cardinal qui se croyait cheval. Mon beau-père n'est pas plus sage et voit toujours un lièvre blanc qui gambade autour de lui. Je veux espérer que son cerveau a été troublé par le remords d'avoir fait tuer à la chasse le mari de sa maîtresse. Encore est-ce une étrange faiblesse de se mettre si fort en peine pour la mort d'un vilain ! Et songez qu'il est maréchal ! Ah ! ce m'est un bien grand souci !

Je tentai de lui faire oublier ses chagrins, mais n'y réussis que pendant quelques secondes. Je n'eus pas la gloire de lui faire agréer une deuxième consolation. Je m'étais vainement flattée de le ramener à l'adoration de la femme ; mais, jusqu'à l'aube, nous échangeâmes d'agréables propos : ce fut une conversation et non une conversion.

Je n'en fus pas humiliée, non plus que je n'ai gardé de rancune envers ce jeune Navailles que je vis à la promenade, qui me plut aussitôt et que je conviai sans retard à dîner. Nul n'ignore qu'il s'endormit dans mon lit tandis que je me préparais, trop soigneusement peut-être, à l'amour. J'eus d'abord un mouvement d'impatience, de dépit, en le voyant accablé d'une fatigue dont je n'étais pas la cause. Mais il était beau comme Mars qui succombe au sommeil près de Vénus : celle-ci sait du moins pourquoi. Je songeai bien à faire venir un compagnon pour me donner le plaisir d'être à un autre en regardant celui qui avait sombré dans l'abîme des songes. Hélas ! Je n'avais personne sous la main. Je me contentai de me vêtir de ses habits et, quand j'eus pris l'aspect d'un jeune cavalier, je l'éveillai brusquement pour lui demander raison d'une offense, comme si j'étais un rival jaloux. Je n'oublierai jamais sa mine déconfite. Il se frottait les yeux et cherchait vainement son épée que j'avais à la main. Me voyant ainsi transformée, il retrouva ses sens et son entrain. J'aurais dû peut-être user de ce travestissement pour intéresser plus complètement M. le Prince. Navailles était blond, nettement, incontestablement. J'avais eu tout le loisir de l'examiner. Sa défaillance m'inspira dans la suite une prévention en faveur des bruns. Mais des femmes m'ont affirmé que j'étais injuste et qu'il ne fallait pas médire imprudemment d'une couleur qui se rapproche du feu.

Avais-je pris goût pour le costume masculin et brûlais-je de le porter de nouveau ? Il est certain que je m'habillai en homme pour me jeter à la poursuite de Pierre de Villars. Il était tenu en haute estime par les précieuses qui lui avaient donné le nom d'Oroondate, héros de roman. Mme Pilou, qui raillait volontiers, avait feint de croire qu'on l'appelait La Rondache. Il appartenait au Prince de Conti et dut rejoindre à Lyon son régiment. Je n'étais pas encore lasse de sa présence et lui demandai de m'emmener avec lui. Comme il s'y était refusé, je partis seule, en poste. Je m'étais transformée en gentil cavalier. Pendant le voyage je vis bien que plusieurs femmes étaient disposées à ne m'être pas cruelles. Je songeais que, si j'avais montré quelque hardiesse, elles auraient ressenti une étrange désillusion. Peut-être auraient-elles éprouvé plutôt une agréable surprise. Je crus devoir garder *l'incognito*. Je songeais trop obstinément à celui qui s'était enfui. Il obéissait au devoir et j'aurais voulu qu'il cédât à l'amour. C'était un sujet qu'aurait pu traiter M. Corneille dans une tragédie.

Fatiguée du voyage, attristée d'une rupture, je n'avais pas le courage de rentrer à Paris que commençaient de troubler les luttes contre le Cardinal de Mazarin. Puisque celui qui me plaisait m'échappait, j'étais lasse de mon petit cercle. Je ne voulais pas revoir mes *payeurs*. D'ailleurs je ne les voyais guère. Il me déplaisait d'entendre les soupirs de *mes martyrs*, — ceux que je n'avais pas encore exaucés. Je ne me sentais pas en appétit de plaisirs furtifs, — *mes caprices*. Surtout, il me semblait que Villars serait le dernier de mes *favoris*. J'avais besoin de recueillement, de solitude. Les médisants ont publié qu'il me fallut soigner une maladie pénible et que je m'étais réfugiée dans un hôpital de province. Il est vrai que j'étais malade, mais ce n'était point le mal qu'ils disaient. Puisque je n'avais plus l'homme qui me donnait de la joie, puisque les circonstances ne semblaient même plus favorables au plaisir, le moment n'était-il pas venu de songer à Dieu ? Je n'entrai pas à l'hôpital, mais au couvent. J'en fus tirée aussitôt par M. de Lyon lui-même, frère de l'illustre Cardinal et Cardinal aussi. Marion avait eu le grand Richelieu. Il me fut permis d'avoir l'autre. Le sien s'appelait Armand, le mien Alphonse.

VI

MON PREMIER AMI

Je n'étais pas restée longtemps au couvent, et pourtant je sentais un désir furieux de vivre. Je n'étais pas demeurée longtemps à Lyon, et pourtant j'avais grande hâte de revoir Paris. Je n'avais été qu'à demi amusée par ce fou de Cardinal qui se costumait en berger pour fôlatrer avec les dames. Pour me séduire, il m'affirmait qu'il était Dieu le Père, et il le croyait. Il ne parvint pas à m'en convaincre; sinon, je lui aurais cédé. C'est une occasion qu'il eût fallu saisir et, quelle que soit la variété de nos amitiés, il est rare de rencontrer le Créateur. Le riche Pérachon m'avait aussi donné du dégoût pour la province. Il m'avait suppliée d'accepter une maison et il croyait innocemment qu'il pourrait m'y tenir compagnie. J'essayai vainement de lui faire comprendre que les payeurs ne sont pas les favoris. Il se fâcha, affirma qu'il avait des droits, m'accusa presque d'être une voleuse puisque je ne voulais pas lui livrer ce qu'il croyait avoir acheté. Je lui rendis sa maison dont je n'avais nul besoin puisque j'avais résolu de ne plus demeurer à Lyon. Il est vrai que j'aurais pu la vendre pour quelques milliers d'écus. J'espère que ce financier a compris que le pouvoir de l'argent a ses limites, et qu'une femme, même si elle n'est pas riche, peut se rire d'un partisan.

Dès mon retour à Paris, il me fut permis aussi de donner une leçon à un roi, ou presque : c'était en effet le bâtard d'Henri IV et de Gabrielle d'Estrées, le chevalier de Vendôme. Il était honoré de tous et de chacun parce qu'il avait dans les veines le sang du monarque. Henri IV l'avait cru, du moins. Si même Gabrielle était sûre de l'avoir conçu de ce souverain à l'odeur violente, y a-t-il sujet de se prosterner devant le personnage ? Le monarque aimait follement toutes les femmes et elles ne l'aimaient guère. Il a pourtant laissé un certain nombre d'enfants qui devraient tenir le même rang que M. de Vendôme. Celui-ci ne faisait pas de telles réflexions.

Il crut que sa qualité lui permettait d'agir comme le Grand Turc et de me jeter le mouchoir. Je ne le ramassai pas.

C'est alors que j'attirai l'attention de la Marquise de Sévigné qui, plus tard, beaucoup plus tard, me témoigna de la bienveillance. Mais tout d'abord elle ne m'aima pas beaucoup. Elle fut obligée de s'intéresser à moi parce que j'avais pris du goût pour son mari. J'eus bientôt tous ceux qui soupiraient pour elle : Rambouillet. Vassé. J'avais déjà eu Miossens. J'ai même songé à avoir Bussy-Rabutin, son cousin, qui seul l'aima vraiment. Mais son indiscrétion turbulente aurait troublé mon repos. Plus tard j'eus le fils de la Marquise. Il y eut entre nous, comme on voit, des souvenirs puissants.

Elle adorait le Marquis. Elle disait :

— Je l'aime et ne l'estime pas. Il m'estime et ne m'aime pas.

Elle avait raison de tenir en mépris cet homme qui lui vola son bien pour le dépenser loin d'elle et je peux l'en blâmer puisqu'il ne me donna qu'une petite bague. Je ne lui demandais pas de présents. Il m'offrait mieux. Il est de ceux à qui je dois les plus rares minutes et il avait reçu de la nature le pouvoir de les renouveler. A qui vous transporte si aisément dans les délices va-t-on demander des pierreries ? On accepterait seulement un collier de douce servitude. Aussi je l'ai gardé quelques mois. Plus tard, il eut le tort de se faire tuer par le chevalier d'Albret pour Mme de Gondran qu'on appelait Lolo. Elle ne semblait pas devoir inspirer une telle jalousie, mais la vanité des hommes est bien sotte. Les deux rivaux se seraient fort bien accommodés d'un partage ou d'une trahison. Mais il y avait eu raillerie. La Marquise fut très attristée d'avoir perdu un mari qu'elle avait si peu possédé. J'en fus peut-être moins affligée parce que je n'en espérais plus rien de nouveau alors qu'elle était encore à en attendre quelque chose. Elle ne rencontrait pas un de ceux qui avaient été mêlés au duel sans risquer de s'évanouir. Comme elle était en Bretagne quand le malheur arriva, elle ne put conserver quelques cheveux du beau Marquis. Elle me fit demander si je n'en avais pas une mèche. Mais je n'ai jamais chéri ces souvenirs et je n'aurais par gardé si longtemps de telles reliques. La Marquise s'adressa donc à Mme de Gondran elle-même et Lolo, le plus gracieusement du monde, lui envoya une boucle et un portrait du Marquis, ce dont la Marquise la remercia de tout son cœur.

Je me demande pourquoi je pris Vassé. C'est

sans doute parce qu'il était attaché à la Marquise de Sévigné. Je ne peux trouver d'autre raison. Il était sot et vaniteux. On l'appelait *Son Impertinence*. Il ne faisait pas oublier sa niaiserie par la qualité de ses baisers. Sa bouche était désagréable : il souffrait de l'estomac. Il faut vraiment que je me sois intéressée à la Marquise pour avoir jamais accueilli cet homme-là. Je crois bien que je l'ai trompé avec La Mesnardière un jour qu'il nous mena à Saint-Cloud. La Mesnardière avait ses bas couleur de feu et chacun sait que, quand il portait aux jambes cette flamme, il en était lui-même tout brûlant. En subissait-il l'effet ou annonçait-il par ce moyen son ardeur du moment ? Il est certain qu'une femme pouvait se fier à La Mesnardière quand il avait ses bas couleur de feu. Il n'avait nulle beauté ; c'était un auteur aussi médiocre que prétentieux. Mais il tenait, auprès de la Marquise de Sablé, l'emploi de médecin. C'est un état qui mérite de fixer l'attention. Celui qui l'exerce connaît les secrets de la sensibilité. Sans être sorcier, par l'application à l'étude, il sait ce qui trouble les sens et les peut apaiser. La science du médecin, — sur ce point du moins, — n'est pas vaine et, quand il m'est arrivé d'en admettre un dans mon intimité, j'ai toujours conclu :

Dignus, dignus est intrare
In nostro docto corpore.

La Sablière me plut, et ce n'est pas seulement parce qu'il était souvent près de la marquise de Sévigné. Mince, d'une élégance raffinée, c'était le plus joli galant qui se puisse voir. Je fus tout d'abord charmée de ses habits aux nuances claires. Il semblait vêtu de fleurs et il répandait un parfum exquis. Il avait de l'esprit et tournait joliment les vers. Il excellait dans l'art du madrigal. J'hésitais parce qu'il était blond — j'ai toujours eu un préjugé contre le blond —; mais ce blondin avait de l'entrain et il l'a maintes fois prouvé. Il fut si souvent aimé qu'il en devint coquet. On sait comment il se refusa à cette femme qui lui adressait des billets pressants et malicieux. Quand il voulut bien consentir, elle lui fit une belle révérence et s'en fut. Mais, quand je m'en accommodai, les victoires répétées ne lui avaient pas encore donné un fâcheux orgueil et il n'était pas tombé dans les affaires où l'entraîna son père, le financier Rambouillet.

Il faisait vraiment tout ce qu'il fallait pour plaire. Aussi je le gardai trois mois. Il en conçut une juste fierté. Il savait que d'ordinaire je ne m'attachais pas longtemps à un homme. Il ne fut pas blessé dans sa vanité quand je lui fis connaître que je me préoccupais d'un successeur. Il voulut bien me donner des renseignements sur celui que j'avais choisi et qui ne le valait pas, je le dois avouer. J'en ai conservé le meilleur souvenir. Il s'est marié selon mon goût bien qu'il n'ait jamais aimé sa femme : il me laissa le soin d'en découvrir le charme. J'ai ressenti la plus tendre affection pour Mme de la Sablière et nous nous sommes bien souvent entretenues de son mari.

Il est bien vrai que je fus inconstante. Mais :

> Quand un plaisir une fois est goûté,
> Ce n'est plus rien que songe et vanité !
> Une paisible et longue jouissance
> Fait les dégoûts et détruit la constance ;
> Car s'attacher toujours au même lien
> C'est posséder et ne sentir plus rien.
> Ainsi, Philis, il faut être inconstante...

Ainsi m'écrivit M. de Saint-Evremont, mon ami, le meilleur de mes amis, mon premier ami. Il est possible qu'il ait été pour moi un peu plus, — ou un peu moins, — qu'un ami ; mais ce fut si rapide que nous n'avons pu en conserver, l'un et l'autre, qu'un souvenir confus. Il se peut, s'il l'a vraiment désiré un jour, que je lui aie accordé ce qu'il souhaitait. Pourquoi refuser un plaisir à l'amitié ? Il se peut aussi qu'il m'ait vue, un après-midi, désœuvrée, peu curieuse de philosopher, et que, par amitié, il se soit occupé de mon corps et non de mon cerveau. Pour que l'amitié soit réelle entre un homme et une femme, il faut qu'ils aient écarté l'obstacle du désir, le souci d'une curiosité. Ils ne doivent laisser subsister entre eux aucun mystère, mais s'efforcer de dissiper tout ce qui pourrait embarrasser leur pensée. Il n'est pas d'amitié sans parfaite confiance. Comment cacher le corps quand l'âme est dévoilée ? Pendant de longues années, jusqu'à sa mort, l'amitié m'a unie à M. de Saint-Evremont. Son exil n'en a pas desserré les liens. Comment nous serions-nous rappelé trop nettement un détail, un mouvement qui sans doute effaça pour jamais entre nous toute gêne et nous permit de nous parler, de nous écrire toute une vie à cœur ouvert ?

Mon père m'avait appris, dès mes jeunes années, à vénérer Montaigne, bien avant que je ne fusse en état de le lire. M. de Saint-Evremont me pénétra de cette sagesse qui refuse d'accepter sans examen les prétendues vérités. Il fortifia l'estime que je ressentais pour le doute. C'était un homme d'un esprit prudent. Il avait une dizaine d'années quand fut brûlé, à Toulouse, Vanini et douze ans quand Fontanier fut livré au feu sur la place de Grève. Il avait treize ans quand Théophile de Viau fut condamné à être brûlé vif, échappa difficilement au supplice et fut banni. Aussi M. de Saint-Evremont estimait qu'il convient de ne pas faire étalage de l'impiété. Il se contentait de ne pas approuver les supplices et il avait peine à cacher son indignation devant les tourments qu'exigeait la religion :

Comment on ne fait rien pour elle !
On condamne les Juifs au feu ;
On extermine l'infidèle !
Si vous trouvez que c'est trop peu,
On fera pendre l'hérétique
Et quelquefois le Catholique
Aura même peine à son tour.
Où pourrait-on trouver plus de zèle et d'amour ?

Il m'apprit ainsi la vertu de la tolérance. Il pensait que le blasphème était un autre aspect du fanatisme. Il était disciple d'Epicure ; mais il s'efforça de concilier son apparence de bon catholique avec le goût qu'il avait pour la doctrine de ce philosophe. Il m'en expliqua souvent la beauté et même il écrivit quelques pages pour me la faire sentir. Il les adressa à la *moderne Leontium*. Il trouvait que je pouvais bien avoir quelque ressemblance avec cette dame d'Athènes qui se rendit fameuse par ses galanteries et par son application à la philosophie qu'elle

étudia sous Epicure. Ainsi j'étudiai sous M. de Saint-Evremont.

Il était soucieux de la santé et me donna de sages conseils sur la nourriture. Je n'ai jamais fait servir sur ma table que des viandes naturelles sans mélange aucun. J'ai banni les potages gommés, hors-d'œuvre et généralement toutes compositions de cuisine pour éviter les maladies qu'on ignorait autrefois dans la simplicité des repas. J'ai redouté la diversité des vins. Il faut être tempérant et délicat, boire peu de vin, mais excellent, et le plus longtemps du même qu'il sera possible. Il recommandait les vins de Champagne.

M. de Lavardin, évêque du Mans, raillait cette délicatesse, affirmant que MM. de Saint-Evremont, d'Olonne et Bois-Dauphin voulaient la perdrix d'Auvergne, les lapins de la Roche-Guyon ou de Tersine, les vins des trois coteaux : Ay, Haut-Tilliers, Avenay, d'où l'on surnomma les trois amis les Trois-Coteaux. C'est en portant attention au régime et en redoutant les remèdes que nous avons eu, l'un et l'autre, le bonheur de conserver un bon estomac. Il s'en félicitait en sa vieillesse. A quatre-vingt-huit ans, il mangeait des huîtres tous les matins, dinait bien et ne soupait pas mal.

Il conseillait d'apporter la même attention au régime de l'amour :

— Ayons autant d'amour qu'il en faut pour nous animer ; pas assez pour troubler notre repos. Le cœur nous a été donné pour aimer, ce qui est un mouvement agréable ; non pas pour souffrir, ce qui est un sentiment douloureux.

L'affectation de chasteté que montraient les belles de l'Hôtel de Rambouillet l'irritait et je crois bien qu'il m'embrassa le jour où j'appelai les précieuses les jansénistes de l'amour. Il déclarait que cette pruderie devait cacher de violentes ardeurs.

— Les précieuses, pour conserver la pureté du cœur, aiment leurs amants tendrement sans jouissance, et jouissent de leurs maris solidement avec aversion.

M. de Saint-Evremont écartait de sa pensée le souci de la mort et il notait que Montaigne, en vieillissant, avait voulu qu'on se laissât conduire doucement à la nature qui nous apprendra assez à mourir. Il ne mettait pas en doute la sincérité du repentir ; mais il pensait que les nouveaux dévots étaient le plus souvent dupes de leur propre conversion ; il me mettait en garde contre cette erreur :

— Les dames galantes qui se donnent à Dieu lui

donnent ordinairement une âme inutile qui cherche de l'occupation.

Il ne croyait pas que la pieuse retraite fût un lieu de tranquillité :

— Le doute a ses heures dans le couvent ; la persuasion les siennes : il y a des temps où l'on pleure les plaisirs perdus, des temps où l'on pleure les péchés commis.

Il n'a jamais ri grossièrement de la religion comme d'autres l'ont fait. Son incrédulité était charmante :

— La meilleure de toutes les raisons pour se résoudre à la mort, c'est qu'on ne saurait l'éviter. La philosophie nous donne la force d'en dissimuler le ressentiment et ne l'ôte pas ; la Religion y apporte moins de confiance que de crainte.

Il ne pouvait admirer les dogmes et les raisonnements qui nous proposent une noble fin :

— Les belles morts fournissent de beaux discours aux vivants et peu de consolation à ceux qui meurent.

Il m'avait offert ces deux vers pour me détourner de méditations auxquelles j'étais encline. Il prétendait en effet que je ne mourrais que de réflexion :

Attendant la rigueur de ce commun destin,
Mortel aime la vie et n'en crains pas la fin.

Il avait une âme païenne. Il apercevait, après la vie, le pays des ombres où les âmes n'étaient pas tout à fait séparées des corps. Les stances sur la mort de la belle Marion de Lorme le montrent bien. Elle n'est pas livrée aux flammes de l'enfer ; elle souffre d'avoir perdu les plaisirs de ce corps dont elle garde encore quelque chose :

Tantôt elle veut retenir
L'image des choses passées ;
Et le plus tendre souvenir
Entretient ses molles pensées.

Tantôt, excitant ses désirs,
Son âme encor voluptueuse
Qui soupire après les plaisirs
S'attache à quelque ombre amoureuse.

Dans ses inutiles desseins
Elle va chercher une bouche ;
Elle pense trouver des mains,
Et ne trouve rien qui la touche.

L'esprit veut imiter le corps ;
Et parmi ces faux exercices
Les désirs qui sont ses efforts
Aspirent enfin aux délices.

Cependant il aime toujours ;
Son soin est de se satisfaire ;
Et la rigueur de ses amours,
De vouloir, et de ne rien faire.

Ainsi pensait M. de Saint-Evremont et j'ai vécu d'après ses conseils. J'ai parfois oublié la grâce de sa modération et ma jeunesse fut tentée par le sacrilège. J'ai bientôt compris, comme lui-même, qu'en notre pays le vice n'est guère moins opposé à la mode qu'à la vertu. Il n'y faut donc apporter aucune forfanterie. Pécher avec ostentation, c'est ne savoir pas vivre et choquer la bienséance autant que la religion. Mais l'abstinence des plaisirs est un grand péché, comme disait M. Bernier, à ce que m'affirmait M. de Saint-Evremont.

Son amitié m'a toujours été fidèle. Comme il vivait en exil depuis 1661, parce qu'il avait trop rudement attaqué le Cardinal et la Paix des Pyrénées, il pouvait croire que j'étais demeurée jeune. Il était fermement attaché à cette illusion. Je me flatte peut-être ; mais s'il n'est pas rentré en France quand il en aurait eu licence, c'est qu'il avait peur de ne plus y retrouver la société qu'il avait aimée, — et c'est aussi peut-être qu'il craignait de voir les rides de Ninon. En vain je lui écrivais que je n'en avais pas été préservée en ajoutant qu'elles sont les marques de la sagesse ; en vain je lui apprenais que je devais lire ses lettres avec des lunettes, non sans constater qu'elles convenaient à ma mine qui fut toujours grave ; en vain je lui avouais que les gens s'acharnaient à me reconnaître ce *mérite* que l'on appelle ici *distingué* pour me consoler de toutes mes pertes par ce beau mot. Il voulait que je n'eusse pas vieilli. Il conservait le fol enthousiasme de don Quichotte qui se refuse à voir la réalité de Dulcinée. Songeant à ces mots de La Rochefoucauld : « L'enfer de la femme, c'est la vieillesse » il proclamait que je n'en saurais être épouvantée. Il voulait croire que ma jeunesse serait éternelle :

— La nature commencera par vous à faire voir qu'il est possible de ne vieillir pas.

Malgré moi, son illusion m'était chère ; c'est peut-être pour ne la pas dissiper que je ne suis jamais allée à Londres. J'aurais eu plaisir à le revoir et j'étais sincère quand je lui écrivais mon désir de passer avec lui ce qui me restait de vie. Je craignais pourtant qu'il ne me revît parce qu'il avait conservé mon image de jadis. Il se rappelait mes yeux :

— Ces yeux par qui je connaissais toujours la nouvelle conquête d'un amant quand ils brillaient un peu plus que de coutume.

Il croyait que j'étais demeurée celle que je fus, — mais *plus spirituelle que n'était la jeune et rieuse*

Ninon. Il s'exaltait au souvenir du passé qui lui était toujours présent.

Vous étiez même regardée
Comme une nouvelle Médée
Qui pourrait en amour rajeunir un Eson.
Que votre art serait beau, qu'il serait admirable,
S'il me rendait un Jason,
Un Argonaute capable
De conquérir la Toison !

Ainsi, pour lui, j'avais gardé toute ma puissance et c'est peut-être ce qui fit croire à ma jeunesse éternelle. Peu de gens résistent aux années : je crois ne m'en être pas laissé accabler. Mais on a exagéré et cette légende repose, je le crois bien, sur ces témoignages d'un absent. Son amitié déraisonnait tout comme l'amour.

Sa vieillesse fut belle et le petit abbé Dubois qui, sur ma demande, le visita en Angleterre fut charmé de sa vivacité. La loupe qui avait grossi entre ses deux yeux déparait son visage. Mais il était si aimable qu'il voyait autour de lui de jeunes personnes, belles, fleuries, propres à toucher le cœur. Il était resté fidèle à notre maxime :

— Ce n'est pas assez d'être sage : il faut plaire.

Nous échangions des lettres et de petits présents ; je lui adressais volontiers le vin qu'il souhaitait et j'en recevais du thé. Mais j'ai souvent senti que nous étions unis l'un à l'autre par cette communication que quelques philosophes croyaient au-dessus de la présence. C'est à lui que je confiais ma fatigue de vivre, et, malgré son âge, il me vantait le bonheur de l'existence. Je l'admirais d'avoir conservé la gaieté : la joie de l'esprit en marque la force.

Il savait le prix de mon amitié et le constatait :

— Il n'y a rien de mieux que la part qui regarde vos amis ; rien de plus sec que ce qui regarde vos amants.

S'il m'encourageait aux infidélités c'était peut-être pour que mon amitié eût plus de valeur que mon amour :

Dans vos amours on vous trouvait légère,
En amitié toujours sûre et sincère.

Si j'avais pris au sérieux ses éloges, j'aurais été folle d'orgueil :

L'indulgente et sage nature
A formé l'âme de Ninon
De la volupté d'Epicure
Et de la vertu de Caton.

J'avais toujours besoin de me rappeler, pour ne pas me laisser aller à la plus sotte des vanités, que

Lucien a écrit à la louange de la mouche. M. de Saint-Evremont m'était indulgent aussi parce que j'étais son élève. Il admirait celle qu'il avait formée. Je l'aimais comme un maître, et tous deux nous adorions, l'un en l'autre, le temps de notre jeunesse.

le temps de la bonne Régence ;
Temps où régnait une heureuse abondance ;
Temps où la ville aussi bien que la Cour
Ne respiraient que les jeux et l'amour.

Une politique indulgente
De notre nature innocente
Favorisait tous les désirs ;
Tout goût paraissait légitime ;
La douce erreur ne s'appelait point crime ;
Les vices délicats se nommaient des plaisirs.

C'est ce passé charmant que je rappelais à M. de Saint-Evremont. Aussi lui demeurai-je toujours très chère et, à la fin d'une de ses lettres, il se donnait ce titre que je me garderai bien de lui contester :

— Malgré une absence qu'on peut nommer éternelle, *le premier de vos amis.*

VII

MON PREMIER FAGOT

Je ne sais trop pourquoi je m'éloignai du Marais pour m'installer au bout du monde, dans le faubourg Saint-Germain. J'y fus peut-être poussée par cet esprit de nouveauté dont j'étais alors animée. Luillier, — l'impie, — faisait construire en ce quartier perdu, au Pré-aux-Clers. Le Président Tambonneau s'y était installé aussi. Sans doute mon payeur Aubijoux, qui eut la Présidente, s'était intéressé à cette contrée et m'engagea à l'habiter. J'y vis M. des Yveteaux ; mais je ne pus jouir assez longtemps de sa compagnie ; la mort le saisit et il n'avait que quatre-vingt-dix ans. Il se déclara mon amant puisqu'il porta mes couleurs. Un jour de fête il m'avait avoué qu'il n'était pas allé à la messe. Pour l'en féliciter ou rendre hommage à sa sincérité, je lui donnai un ruban dont il orna son chapeau. Il garda cette parure jusqu'à ce qu'elle fût fanée, salie, déchirée.

J'allais souvent chez lui. Nous faisions des concerts. Il prenait plaisir à m'entendre jouer du luth. Il aimait la musique et le prouva bien puisqu'il recueillit une joueuse de harpe qu'il aperçut dans la rue, en ouvrant la porte de son jardin. Il eut pitié de cette misérable qui allait être mère ; mais ce qui le charma, c'est qu'elle était la fille d'un homme qui pinçait la corde pour réjouir les passants, qu'elle avait exercé le métier avec son père et que son frère en vivait encore. Il est possible qu'il fut sensible aux attraits de cette créature bien qu'elle fût grosse : il n'avait guère que soixante-dix ans quand il la connut. L'amour de la musique, — et de la musicienne, — fit qu'il l'accueillit dans sa maison avec son mari qui s'appelait Dupuis et il garda les deux enfants qu'elle y mit au monde. Mais il est certain que Mme Dupuis touchait fort bien de la harpe.

Il lui fallait remplir d'autres fonctions dans la maison. M. des Yveteaux avait décidé de vivre dans une quotidienne mascarade. C'est pourquoi il s'était allé loger si loin, au temps où personne n'aurait songé à s'établir dans son voisinage. C'était dans la rue des Marais, au faubourg Saint-Germain, vers les Petits Augustins, si loin enfin qu'il était appelé *le dernier des hommes*. Il avait choisi cette retraite après qu'il eût été chassé de la Cour. Le roi Henri l'avait donné pour précepteur à son fils Vendôme, puis au Dauphin. Quand Ravaillac apporta le pouvoir à la reine-mère, M. des Yveteaux dut quitter la place. Il n'aimait pas Concini, et le nonce du pape l'accusait d'impiété parce qu'il n'estimait pas que le Saint Père dût intervenir dans les affaires du royaume. On ne le vit plus à la promenade, aux Tuileries. Il demeurait en son jardin, et pour oublier le siècle, il se donnait chaque jour le divertissement de vivre dans le passé. Chaque matin, Mme Dupuis venait savoir si elle devait être une nymphe antique, une bergère de l'Astrée, une courtisane de la Grèce, une reine d'Espagne, suivant qu'il avait la fantaisie d'être lui-même un dieu de la mythologie, Céladon, Périclès ou don Quichotte. Il aimait, avec la musique, la peinture, les statues, les monuments, les fleurs. Il est vrai qu'il a porté mes couleurs; mais, s'il fut mon chevalier, il devint, sans le savoir, un de mes plus chers maîtres.

J'éprouvai, à ce moment, le désir de jouir de mon cerveau. Etais-je lasse des plaisirs que donne le corps ? Je ne le crois pas, n'ayant jamais renoncé aux satisfactions que j'en pouvais tirer. Pour les obtenir, je demandais la collaboration de ceux qui m'approchaient et qui étaient toujours prêts à me l'accorder et même à me la proposer. Mais cette ivresse, que je connaissais bien, ne m'aurait pas contentée si mon esprit n'avait pu donner libre cours à sa fougue. Pendant plusieurs années je fus en proie à une fureur philosophique. Je me grisai d'audaces spirituelles. M. des Yveteaux m'en avait donné l'exemple. M. de Saint-Evremont s'en inquiétait. Mais d'autres m'y encourageaient.

J'avais auprès de moi le chevalier de Méré. Il est certain qu'il m'a enrichie de connaissances et je fis de mon mieux pour m'acquitter de cette dette. Mais il exagérait le mérite de ses leçons et, sans vanité, je n'aurais pas été plus sotte si je ne l'avais pas connu.

M. d'Elbène ne ressemblait guère au chevalier de Méré. Il était très riche et s'est ruiné au service de l'amour. On l'appelait « mylord protecteur des caillettes du Marais ». Il laissa aussi une grande partie de sa fortune dans les cabarets. Mais il venait en aide à ses amis. Scarron lui dut plus d'un festin et il contribua de ses deniers à l'installer dans sa maison de l'île Saint-Louis. Il aima tendrement l'empereur du burlesque et lui ferma les yeux. Il mourut à l'hôpital. Il était sensible aux joies de l'existence et il semblait n'avoir étudié à l'Académie de M. de Montmor que pour trouver dans Epicure les raisons de s'abandonner librement à la nature.

J'avais Blot qui portait sans fatigue son surnom : *l'esprit*. Il était, comme disait Scarron, *l'antipode du sot*. Il vivait de la pension que lui faisait le frère du roi qui s'amusait de ses chansons. Il appartenait au conseil de *vauriennerie* qu'avait créé ce prince. Il proclamait que toute religion est bonne et que l'homme est libre de boire, de se livrer à tous ses caprices pourvu qu'il n'offense personne :

Qu'importe que tu sois papiste,
Calviniste ou luthérien,
Mahométan, anabaptiste
Ou de la secte de ton chien.

Je n'étais que trop tentée de le croire. Il avait pris auprès de son maître la licence de parler, ou plutôt de chanter librement. On répétait ses chansons. Dans l'une d'elles, il fit entendre que je n'avais aucun respect pour le Carême. Ce n'était que trop vrai. Mais était-il besoin de le crier ? Hélas ! il ne

me déplaisait pas de faire étalage de mon incrédulité. J'éprouvais le besoin de montrer la vigueur de ma raison comme les athlètes la puissance de leurs muscles. Tous les libertins semblaient accourir vers moi. J'eus même le bonheur de remplacer un de mes payeurs, le Président Coulon, par Michel Jérôme Moreau dont l'esprit était si libre que j'aurais dû l'aimer.

Il n'avait pas l'âge du payeur. Il n'avait que dix-huit ans quand il obtint de moi cet emploi. Il est vrai qu'il mourut jeune. Il était de santé trop fragile pour me plaire Comment songer à admettre dans un lit celui qui nous fait toujours la révérence ? Il me témoignait toujours un tel respect qu'il me parut incapable d'en manquer. J'avais d'ailleurs plaisir à m'entretenir avec lui. Il avait grandi dans une famille et avait été élevé dans une société qui aurait dû le préparer à me charmer : mais il manquait trop d'appétit pour m'en donner. Il était le neveu de François Luillier qui vendit sa charge de conseiller à Metz pour être en état d'assister des Barreaux. Celui-ci avait sur toute la parenté et tous les amis un grand pouvoir. Il avait été chéri de Théophile, et Lude l'appelait sa *veuve*. C'était alors un adolescent d'une grande beauté. Le premier, il avait inspiré de l'amour à Marion de Lorme. Un grand nombre de femmes étaient venues dans la petite maison qu'il avait au faubourg Saint-Victor et qu'il appelait l'Ile de Chypre. Il s'est précipité dans le sacrilège comme dans l'ivrognerie. N'a-t-il pas jeté dans la boue la calotte d'un prêtre qui portait le Saint-Sacrement? A Montauban, dans un temple de la religion, il entonna des chansons à boire et risqua d'être assommé. Les paysans de Touraine l'auraient tué parce qu'il avait blasphémé et que, dans la nuit, en plein été, leurs vignes gelèrent ; ils crurent que cet envoyé de Satan avait causé ce malheur et il eut peine à leur échapper.

Il venait souvent chez moi avec son ami Picot son fidèle compagnon. C'est avec lui qu'il allait de province en province pour se délecter, sur place, de ce que le sol de France produit de plus savoureux. Picot fut aussi du séjour qu'il fit, pendant la semaine sainte, à Saint-Cloud, chez la du Ryer qui y tenait cabaret. On sait qu'un orage terrible éclata pendant que l'hôtesse apportait l'omelette au lard. Quelques convives tremblaient, mais des Barreaux s'écria :

— Voilà bien du bruit pour une omelette !

Il est probable que Picot ne montra pas moins de

fermeté : il était abbé. Quand il fut sur le point de mourir, il laissa un curé venir près de sa couche, et l'inscrivit sur son testament pour trois cents livres à condition qu'il lui épargnât les criailleries réservées aux agonisants. Mais, comme il était sur le point d'expirer, le curé éleva la voix. Il le tira par le bras et lui dit :

— Sachez, galant homme, si vous ne me tenez ce que vous m'avez promis, qu'il me reste encore assez de vie pour révoquer la donation.

Les convives de la semaine sainte trouvèrent chez moi toute liberté. Il y avait Potel le Romain à qui Scarron écrivait :

> Mon cher ami Potel, je suis pour la mangeaille :
> Il n'est rien tel qu'être glouton !

Miton voulait bien oublier dans ma maison son amour désordonné pour le jeu. M. Pascal le tenait en assez haute estime pour le déclarer dangereux. Il croyait en Dieu par bénéfice d'inventaire et n'avait composé un traité sur *l'Immortalité de l'Ame* que pour en sourire. Il voulait que le souci de notre propre bonheur nous poussât à faire celui des autres. C'est une pensée que je me suis efforcée de mettre en pratique. Le petit Moreau était aussi à Saint-Cloud

et avait adopté la philosophie de ces aînés. Je regrette bien de n'avoir pu l'aimer.

En cette compagnie je fus entraînée à faire montre de mon incrédulité. Pendant le Carême de l'an 1651, j'eus le mauvais goût de ne point faire maigre. Par forfanterie et parce que le temps était doux, nous avions ouvert la fenêtre. Ce n'était pas encore assez : par bravade et parce que nous étions échauffés par le repas, nous jetions les restes dans la rue. Un os tomba sur la tête d'un prêtre qui nous menaça de ses pieuses injures. Il reçut des huées et des rires ; il porta plainte au curé de Saint-Sulpice qui requit le bailli de Saint-Germain-des-Prés. Le duc de Candale et le marquis de Mortemart lui portèrent de quoi accommoder les choses. Le premier s'était montré longtemps indifférent aux femmes. Il avait ressenti ensuite un goût très vif pour Mme de Saint-Loup. Il devait mourir bientôt et laisser de cruels regrets à la Comtesse d'Olonne. Dès qu'il fut moins négligent envers l'amour, toutes les belles songèrent à lui plaire et souvent il venait chez moi. Le Marquis de Mortemart, qui est le père de Mme de Montespan, était mon voisin puisqu'il était devenu, après la mort de M. des Yveteaux, le maître de sa maison. Il vivait en effet avec la fille de Mme Dupuis, la joueuse de harpe. M. des Yveteaux l'avait mariée à l'un de ses neveux : ainsi elle était devenue Mme de Sacy. Elle n'était pas jolie, mais elle attirait les vieux débauchés comme le Maréchal de Grammont. M. de Turenne la trouvait à son goût. Le Marquis lui avait montré à chanter et il ne cessa pas de l'adorer bien qu'elle eût un ulcère avec d'autres incommodités : elle a toujours affirmé qu'elle les devait à son mari et s'est défendue d'avoir jamais appartenu au Marquis :

— Si j'avais été à lui, disait-elle, je lui aurais donné mon mal.

Les plaintes contre mon impiété allèrent pourtant jusqu'à la reine qui voulut me faire enfermer aux *Filles repenties*. Bautru chercha quelque bouffonnerie pour qu'elle renonçât à ce projet. Il n'aimait pas les dévotes qui entouraient la souveraine. Il avait toujours montré une grande indifférence envers la religion au point que quelqu'un s'étonna de le voir, au passage d'un enterrement, saluer le Crucifix :

— Nous nous saluons, dit-il, mais nous ne nous parlons pas.

Il fit observer que l'ordre ne pouvait me concerner puisque je n'étais ni fille ni repentie. Je n'en reçus pas moins l'invitation de me retirer dans un couvent, mais, comme on m'en laissait le choix, j'annonçai que j'irais chez les Grands Cordeliers : ils n'avaient pas renom d'austérité. Cette réponse fit sourire la reine. Elle se rappela peut-être qu'elle n'était elle-même ni fille ni repentie.

Mais, pour la première fois, j'avais senti l'odeur du fagot qui me menaçait et je résolus de ne point mourir comme Jeanne d'Arc. Je n'avais pas été très effrayée par la reine ; ce qui m'avait donné le frisson c'était d'avoir attiré l'attention des dévots et des dévotes. Je sais que ces gens ne désarment pas et je compris la nécessité de me mettre à l'abri de leur haine. Il me sembla raisonnable de placer entre eux et moi l'étendue de l'océan. Pourquoi ne pas m'installer dans les îles merveilleuses dont on nous vantait la beauté ? Tant de Français avaient soif des Antilles, de leur climat délicieux, de leurs fleurs admirables, de leurs fruits succulents. M. de Royville formait le projet de coloniser la Guyane. J'aurais pu m'écrier comme Scarron :

> Je vais dans l'Amérique où règne le repos...

J'y songeai. Du moins je fis annoncer mon départ. Il fut permis de croire que j'avais décidé de travailler à mon salut en portant la bonne parole aux sauvages. On me vit dans les églises. Je n'allais pas à Saint-Sulpice, ma paroisse. La vue du curé avec qui je venais d'avoir des démêlés m'était désagréable. Mais, pieusement, j'entendais la messe de Saint-Eustache. J'étais naturellement éloignée de l'hypocrisie ; mais il y a quelquefois péril à ne pas dissimuler et tout est permis à qui est d'accord avec les dévots.

La Sablière, depuis qu'il passa au rang d'ami, était très attentif à me présenter des hommes qui me pourraient agréer. Il croyait avoir acquis l'expérience de ce qu'il me fallait. Il tomba souvent dans l'erreur ; mais je ne le lui disais pas. Je n'aurais pas voulu dissiper l'illusion dont il se flattait et qui est commune à un grand nombre d'hommes. Ils pensent, parce qu'ils ne sont pas ou ne sont plus en cause, qu'ils ont une sûre perspicacité et qu'ils nous connaissent. Il m'en a d'ailleurs amené quelques-uns dont je fus satisfaite. Il devait aussi céder aux sollicitations de certains qui me voulaient être présentés. C'est ainsi que je dus recevoir Lacger qui ne rachetait point par sa grâce son indiscrète fatuité. Il avait donné de l'amour à la comtesse de la Suze qui lui écrivit mille lettres et des vers. Elle devait prendre un déguisement pour aller sur les chemins et le rencontrer. Elle était un peu folle, comme Mlle de Coligny, sa sœur qui, en son enfance, grimpait le long des tapisseries comme un chat. Malgré l'exemple que me donnait la comtesse de la Suze et le bon souvenir que m'avait laissé un membre de la famille, je fus insensible à la flamme de Lacger.

C'est aussi La Sablière qui introduisit dans ma maison l'abbé François Tallemant, son parent. Ce garçon, qui avait des lettres, m'engagea vivement à faire mon salut. Il était d'esprit distrait, comme le Comte de Brancas qui languissait près de moi quand il n'oubliait pas brusquement son martyre et où il se trouvait. Jamais je ne vis pareil original. Il emportait le manteau d'un autre, montait dans un carrosse qui n'était pas le sien. En assurant Dieu de sa foi il ne savait plus à qui il parlait, croyait qu'il faisait des civilités à un simple mortel et finissait ainsi :

— Seigneur, je suis à vous autant que qui que ce soit, je suis votre serviteur très humble plus qu'à personne.

L'abbé Tallemant était de même caractère et il était plaisant de les entendre parler tous deux. Cet abbé était d'une indolence extrême et se laissait mener par son cheval. Il voulut pourtant me conduire. Il m'indiquait la route du ciel, mais comme elle passait par son lit, je ne crus pas devoir la prendre.

J'avais bien encore, pour m'ouvrir la voie de la rédemption, l'abbé de Boisrobert. Mais il passait pour le plus dangereux des mécréants. Sa présence aurait suffi à rendre suspecte l'apparence de mon repentir. Quand il lui arrivait d'officier, certains pensaient qu'il servait le diable. Mme Cornuel disait en souriant qu'il faisait ses chasubles de mes jupes. Elle avait pieusement entendu la messe de minuit quand elle s'aperçut qu'il l'avait dite :

— Voilà toute ma dévotion évanouïe, déclara-t-elle.

Le lendemain elle refusa d'entendre le sermon, craignant qu'il ne le prononçât et qu'elle ne vît Trivelin en chaire. Il s'appelait lui-même le Trivelin de robe longue et empruntait volontiers à un illustre comédien ce surnom : l'abbé Mondory. Il disait qu'il ressentait une chaleur religieuse, mais que c'était près de moi : c'est pourquoi il m'appelait *sa divine*.

Saint-Pavin aussi était d'Eglise et l'ami de des Barreaux. On disait qu'il chérissait les jeunes gens — à l'exemple de Théophile, ou Boisrobert. Il lui était difficile de prétendre à l'amour. Il n'avait aucun doute sur sa disgrâce et il a tracé ainsi son portrait :

Court, entassé, la panse grosse ;
Au milieu de mon haut de chausse
Certain amas d'os et de chair
Fait en pointe comme un clocher ;
Mes bras d'une longueur extrême
Et mes jambes presque de même,
Me font prendre le plus souvent
Pour un petit moulin à vent.

Tel qu'il était, on me l'a donné. C'est être envers moi trop généreux. J'ai pu être curieuse de raretés, mais mon goût ne m'a jamais portée vers les monstres. N'a-t-on pas dit aussi que j'avais eu des bontés pour Scarron ? Je pense qu'il en eût été fort embarrassé. Je dois avouer que j'ai toujours pris un vif plaisir à regarder ceux que je retenais dans ma chambre. Je tenais à ce qu'ils fussent jeunes et beaux. J'étais aussi heureuse d'admirer leurs corps que de sentir leurs embrassements. Je ne leur demandais pas d'avoir de l'esprit, mais de me donner tout d'abord l'aimable spectacle d'une nudité. Je n'ai jamais songé à voir sans voile l'abbé de Saint-Pavin. Mais j'écoutais volontiers ses vers et j'aimais sa philosophie. Il ne donnait pas à la foi de rudes coups. Il semblait au contraire s'y attacher et il provoquait doucement sa chute.

Charleval pouvait plaire et il plaisait à plus d'une

femme. Il avait même conscience de ne pas rencontrer de cruelle. Il disait volontiers qu'il lui suffisait de mettre le siège devant une place et qu'elle était aussitôt prise, ou prête à capituler. Il avait reçu de la nature un air de langueur. Sa pâleur intéressait les belles et il pouvait écrire pour elles de jolis poèmes. Ce n'est point par fierté que je lui résistai. Nous devons choisir entre les hommes qui sont vaniteux d'avoir remporté des victoires, et ceux qui sont modestes parce qu'ils n'ont guère triomphé. Les premiers nous promettent des plaisirs et cette espérance nous rend indulgentes à leur fatuité ; les autres méritent peut-être notre estime, mais nous n'en attendons rien. Je ne fus pas détournée de lui par sa fragilité. J'avais appris, par quelques-unes qui en avaient usé, que ce n'était qu'une fausse apparence. J'ai constaté que ce ne sont pas les galants de puissante carrure et de teint coloré qui jouent le mieux le jeu d'amour. Son ardeur était assez pressante pour me faire deviner tout ce que je refusais. Je me disais que je m'en passerais l'envie et je le réservais pour la bonne bouche :

— Attends mon caprice, lui disais-je.

Il soupirait tristement comme si la destinée ne lui donnait pas le loisir d'espérer. Ses regards mourants annonçaient que ses jours étaient comptés. Au vrai, il a vécu jusqu'à soixante-treize ans. En sa vieillesse, je le voyais presque tous les jours. Son esprit avait tous les charmes de la jeunesse et son cœur toute la bonté et la tendresse désirables dans les véritables amis. Nous avions le même âge et nous parlions de tous les originaux de notre temps. Ainsi il m'a pardonné de ne jamais lui avoir fait le signe que je lui avais presque promis. Je l'ai pleuré. C'est plus que mourir soi-même qu'une pareille perte.

Chapelle préférait aux femmes le vin et je dus l'éloigner de ma maison. Ce n'est pas que je fusse mortifiée de sa froideur envers notre sexe, — et il n'était pas si glacé. Mais ses violences d'ivrogne étaient de mauvais ton et je ne tenais pas un cabaret. Quand il ne déraisonnait pas, il y avait plaisir et profit à l'entendre. Luillier son père, qui l'avait eu d'une parente, lui avait donné le nom du village de La Chapelle où il était né et il parvint ensuite à le légitimer. Il l'avait élevé avec soin, voulant même qu'il suivît en Provence les leçons de Gassendi. Ainsi il nous apportait la pure doctrine de ce philosophe qui vénérait Epicure et qui s'efforçait de concilier son enseignement avec la religion. L'incrédulité de Chapelle n'était pas agressive. J'imagine que, pendant son enfance, il avait entendu trop de blasphèmes et qu'il était las du sacrilège. S'il n'attachait pas une grande importance à la conquête des belles, c'est peut-être parce que son père n'avait pas entretenu autour de lui le mystère de l'amour. A l'âge où l'enfant devient homme, Luillier avait en effet mené son fils dans la maison de filles où il avait ses habitudes et avait assisté aux premiers pas de son fils dans la carrière. Les sœurs de Luillier lui envoyaient, chaque année, une provision de confitures. Une jeune servante qu'elles avaient choisie apportait ces douceurs et restait dans la petite maison de La Chapelle. Elle remplaçait la servante qui ne plaisait plus. Luillier voulait en effet d'aimables femmes pour prendre soin de son ménage. Elles étaient à la disposition du père et de l'enfant. De cette éducation, Chapelle avait conservé un goût très vif pour la table, pour la philosophie et pour toutes les joies de l'esprit. Il s'abandonnait sans crainte aux lois de la nature, mais ne songeait pas à briser des idoles qui jamais ne l'avaient inquiété. Doutant de tout, il pensait que les gestes de révolte étaient aussi vains que les signes de soumission. Le sacrilège lui paraissait aussi dérisoire que la prière.

S'il n'aimait pas, c'est que, pour aimer vraiment,

il est nécessaire d'avoir gardé en son âme un principe de religion. Le rêve et la fureur de l'ivresse emplissaient son existence ou lui en masquaient le vide. Il parlait avec amitié du comédien Molière qui n'avait pas brillé à Paris avec la Béjart et qui obtenait quelque succès en province. C'est par lui que j'entendis vanter son nom. J'estimais qu'il était indulgent à ce camarade qui avait, comme lui, reçu les leçons de Gassendi. J'ai connu qu'il voyait juste quand Molière revint à Paris et fut mon ami. Il chérissait aussi ce fou de Cyrano.

Tous ces *libertins* m'auraient sans doute entraînée vers de nouvelles imprudences. Sans éprouver de l'ennui, je ne ressentais plus les mêmes joies dans les bras de mes favoris. Le péché de l'esprit me devenait dangereusement nécessaire. Pour me sauver de l'abîme, la destinée m'envoya fort à propos la passion. C'est alors que je connus M. de Villarceaux.

VIII

MA PREMIÈRE PASSION

C'est l'abbé de Boisrobert qui amena chez moi M. de Villarceaux. Dès que je vis sa belle tête brune qu'admira mon amie Mme Scarron, je me sentis prévenue en sa faveur. Certains hommes et certaines femmes semblent se reconnaître, se retrouver. Autour d'un homme et d'une femme, tout nouveaux l'un pour l'autre, flotte un air qui déjà les unit. Dès que je lui tendis la main, j'ai souhaité qu'il la gardât et, m'étant détournée vers des amis, je croyais sentir qu'il tenait mes épaules. Je revins à lui et il y eut aussitôt entre nous un charme de langueur.

Je savais qu'il ne perdait pas le temps à pousser des soupirs. Ce n'était pas une brute ; mais il pouvait être brutal. Il ne tenait pas en mépris la poésie et même il avait écrit quelques vers ; mais il ne s'y attardait pas. Sa fonction était de chasser ; il poursuivait pour lui-même les femmes, — et les lièvres pour le roi qui l'avait nommé capitaine de la meute. Il veillait ainsi sur soixante-dix chiens, soucieux de les voir agiles, souples, robustes, dociles. Il forçait avec eux le gibier, chevauchait pendant des heures dans la campagne, aimait l'odeur des herbes, des terres, des bêtes. Il avait la fougue et la fermeté des Centaures. J'ai souvent rêvé de ces beaux monstres que créa la fable antique ; ils étaient à la fois des humains et des animaux : sphinx, sirène, satyre. Furent-ils créés par la seule imagination ? Des êtres n'ont-ils pas existé qui étaient déjà de notre race et ne s'étaient pas encore dégagés de la bête ? J'ai toujours compris que Pasiphaé cherchât le dieu dans le taureau blanc et quel plaisir dut sentir Léda sous le duvet palpitant du cygne ! Les Grecs ont considéré l'androgyne comme un type de beauté. L'*homo-animal* pourrait bien être le type du parfait amant.

Du moins, l'était-il pour moi. Nous sommes curieux d'établir des lois : c'est une faiblesse de notre esprit et nous devrions nous défier des vérités absolues. Je suis toujours surprise d'entendre dire que celui-ci ou celui-là est un bon galant et que les femmes en ont satisfaction. Ce qui convient à ma voisine n'est pas toujours ce que je souhaiterais moi-même. Je peux m'enivrer d'une odeur qui lui soulèverait le cœur. Mon toucher peut s'attarder délicieusement à un contact qu'une autre repousserait. Je peux être friande d'un plat qui offenserait son goût. Tout, en amour, est une question de rapports heureux, de subtiles correspondances et même de grossières mesures. Il est terrible de penser que nous sommes toutes soumises à de tels hasards. Ils peuvent nous donner un bonheur inattendu dans les bras d'un homme qui ne semblait pas destiné à posséder cette heureuse influence ; ils peuvent nous livrer à la tyrannie d'un misérable. Au contraire, une femme et un homme que tout devrait réunir se trouvent parfois cruellement séparés par cette impossibilité naturelle d'être vraiment l'un à l'autre. L'une est blessée, l'autre déçu. Encore vaut-il mieux être un peu meurtrie qu'inoccupée. Sans considérer ces extrêmes, il est permis de dire que le couple a rarement le sentiment du parfait accueil. Il faut encore que tous deux reconnaissent l'un en l'autre le même climat, une sympathie de température, un accord d'hygrométrie. Ces termes m'ont été enseignés par le savant hollandais Huygens dont le langage demeurait toujours scientifique : dans un madrigal ne qualifiait-il pas d'*instruments* les charmes qu'il voulait bien me reconnaître ?

Dès que je fus dans les bras de M. de Villarceaux je me sentis chez moi ; j'avais atteint l'asile que j'espérais. Il eut ce même sentiment. Nos formes s'épousaient ; nous ne pouvions faire un mouvement sans nous retrouver aussitôt fort à l'aise l'un contre l'autre. Il s'étonna de pouvoir me tenir toute la nuit dans ses bras sans en éprouver nulle lassitude, nul engourdissement. Jamais je n'aurais cru que ce contact me serait agréable du soir à l'aube. J'avais une joie de sentir nos jambes se lier et ne pouvais m'endormir sans son enlacement, mes seins en ses mains, sa bouche sur ma nuque. Dès que je m'éveillais — le matin ou même dans la nuit, — ses lèvres m'étaient douces. La nature nous avait faits l'un pour l'autre. L'expérience de l'amour, la vie de société peuvent nous donner certaines habiletés; mais ces joies simples que crée sans cesse le rapprochement de deux êtres démontrent seules qu'ils sont nés pour former un couple.

Je ne l'aurais pas adoré s'il ne m'avait offert que ce bonheur paisible. Mais il était fougueux autant qu'adroit. Il avait les dons les plus heureux et il possédait l'art de les employer. Il était semblable à ces chanteurs qui ont une belle voix et savent s'en servir. Encore ne faut-il pas que nous sentions l'effort de l'école. Il m'est arrivé de préférer le chanteur d'instinct à celui qui applique avec trop de constance une méthode. L'éducation qui supprime toute spontanéité est fâcheuse. J'ai toujours détesté les pédants. Il y en a en amour. J'ai éprouvé de l'inquiétude toutes les fois que je vis entrer dans mon lit des hommes trop fiers de leur renommée, trop appliqués à me faire sentir les effets d'un savoir longuement acquis. Ils arrivaient souvent à leurs fins et il ne faut pas médire de la maîtrise. J'ai regretté parfois auprès d'eux la naïve agitation des novices. *Le chef-d'œuvre* qui est exécuté dans une corporation est bien souvent un meuble inutile. Nous admirons l'adresse de l'artisan ; nous voyons bien que tout a été mis en œuvre pour en apporter la preuve ; mais, presque toujours, le morceau n'a aucun charme. Il en est ainsi de la volupté.

Chez M. de Villarceaux, l'art ne cachait pas la nature. Il était sincère et jamais maladroit. Il ne donnait jamais l'impression d'avoir étudié. Il improvisait, comme les comédiens d'Italie. Ces gens connaissent profondément les secrets de leur métier et pourtant leur jeu garde la fraîcheur. Ainsi jouait M. de Villarceaux, — et il jouait beaucoup.

Les femmes disent que c'est une belle qualité. Elles le disent, mais je ne crois pas qu'elles le pensent. Les confidences que j'ai pu recevoir m'ont appris qu'elles ne s'intéressent pas à la pièce autant qu'elles voudraient le faire croire. Elles m'ont dit maintes fois qu'un acte aurait amplement suffi à leurs désirs. C'est qu'elles sont fragiles, délicates, malades. Je n'avais pas besoin de feindre les pamoisons et je ne l'aurais pas su, parce que je ne m'étais pas exercée à ce mensonge. Il me plaisait que la séance fût longue ; encore ne fallait-il pas qu'elle fût monotone. M. de Villarceaux avait du souffle et de l'ingéniosité. Sans négliger l'avant-propos, il ne s'y attardait pas. Ses façons n'auraient pas plu à celles, — et c'est le plus grand nombre, — qui s'attachent moins à l'action qu'aux petits airs de musique avant le lever du rideau ou à la harangue que prononce l'orateur de la troupe. Je n'ai jamais fait fi d'une préface, d'un avis au lecteur, même d'un privilège ; mais c'est toujours le livre même que j'ai lu le plus avidement.

Les qualités solides et fines de M. de Villarceaux

me fixèrent ; mais elles ne me furent révélées qu'après notre premier tête-à-tête et même après quelques autres. Dès le début, nombre d'hommes peuvent nous inspirer le dégoût le plus mérité ou l'indifférence la plus légitime. Ceux qui sont dignes d'être soumis à une plus attentive expérience ne montrent leur valeur que quand ils sont réellement en confiance. Il faut quelque loisir pour s'accommoder vraiment l'un à l'autre ; mais nous distinguons sans tarder celui sur lequel nous pouvons fonder des espérances. Je n'attache pas, comme j'ai dit, un grand prix à la réputation. Ce qui convient à l'une ne convient pas à l'autre. Mais certaines aventures nous apprennent que tel homme ne saurait convenir à personne.

M. de Villarceaux ne traînait pas derrière lui cette triste renommée. Il possédait cette allure dégagée que doit avoir un amant. Elle n'appartient qu'aux gens qui ne s'embarrassent pas de scrupules. Les femmes cèdent ordinairement à ceux qui vont aussi librement dans la vie. Il ne faut pas s'en étonner : ne recherchant pas les satisfactions de la morale, elles n'ont nulle raison de s'adresser à ceux qui en pourraient vendre. Il ne me déplaisait pas que M. de Villarceaux, tout en refusant d'épouser une jeune fille, eût consenti à la faire femme. Elle lui laissa comprendre qu'elle le souhaitait. Peut-être espérait-elle qu'il deviendrait son mari pour réparer le dommage. Il est certain qu'elle n'en fut pas mécontente puisqu'elle le garda quand elle eut épousé Castelnau. Tandis que celui-ci faisait vaillamment son devoir à l'armée, M. de Villarceaux saccageait son foyer. Mme de Castelnau contemplait le portrait de son mari qui était suspendu au-dessus du lit. Elle avait cru que cette image la préserverait du péché ; elle lui donnait seulement des remords qui augmentaient son plaisir et, dans les transports de la volupté, elle balbutiait, regardant de ses yeux mourants la peinture :

— Faut-il que je fa... fa... fasse cocu un si vaillant guerr... guerrier ?

Quand elle avait repris ses esprits, elle l'implorait :

— Grand héros, me le pardonnerez-vous ?

Au milieu de ses égarements elle conservait l'esprit de famille. C'est pourquoi elle prit aussi Nouveau, qui était le mari de sa sœur. M. de Villarceaux le découvrit et montra au beau-frère toutes les lettres qu'il avait reçues de la belle, et des bracelets de cheveux de tous les endroits. Il distribua dans Paris ces ouvrages de plume et de poil. Ces fureurs méchantes laissaient supposer qu'il pouvait avoir de douces violences. Je me méfie des gens qui ne perdent jamais leur sang-froid, le sentiment de la dignité. Que peuvent-ils bien faire sur une couche ?

J'ai dit que M. de Villarceaux y faisait merveille. J'avais eu déjà des amants qui m'avaient donné d'agréables moments. Mais, quand j'en avais largement usé, je souhaitais vivement leur départ. Il en est peu qui savent se lever à temps et disparaître. Par mollesse, par négligence, par politesse peut-être, ils s'obstinent à rester. Ils perdent ainsi la bonne opinion que nous en pourrions concevoir. Nous ne gardons plus le souvenir des plaisirs dont nous leur sommes redevables ; nous nous rappelons seulement l'impatience de les avoir vus demeurer trop longtemps. Quand nous n'en attendons plus rien, leur présence nous paraît indiscrète. Nous nous demandons ce qu'ils font dans notre maison, de quel droit ils semblent s'y installer. Il nous faut subir parfois l'orgueil de leurs regards. Ils sont si sottement fiers de nos extases ! Quel soulagement quand nous sommes délivrées de ces intrus ! Mais j'ai bientôt éprouvé le désir de garder M. de Villarceaux et il s'étonnait de ne pouvoir s'éloigner. C'est la marque de l'amour. J'en fus effrayée. Il m'était difficile de l'installer près de moi. Mes payeurs n'avaient jamais songé que je pouvais être fidèle ; mais ils estimaient que je devais les tromper avec une certaine discrétion. Ils voulaient bien feindre d'ignorer mes caprices ; mais comment pouvaient-ils avoir l'air d'être mes dupes si Villarceaux habitait avec moi ? Je me disais aussi que M. de Villarceaux était marié. Sa femme, la bonne Denise, tout comme mes payeurs, semblait ne pas voir qu'il avait des maîtresses. Mais pourrait-elle supporter qu'il abandonnât le domicile conjugal ? Il me rassura sur ce point, me dit que son épouse avait des principes et de la religion et qu'elle ne resterait pas seule puisqu'il lui laissait quatre enfants. Dans ces conditions je pouvais mettre à la porte mes payeurs. Je vis bientôt qu'il lui déplaisait de vivre dans ce logis où j'avais de trop chers souvenirs. Il se trompait puisqu'il les avait tous effacés. Il était mal à l'aise dans le lit où d'autres m'avaient tenue éveillée. Il n'osait pas me l'avouer, mais je le devinai et il ne m'en fut que plus cher. Je quittai la maison pour être toute à lui ; j'avais souvent blâmé des femmes qui commettent pareille folie. Mais j'étais bien heureuse de la commettre, enfin.

Un homme et une femme qui viennent de briser

tout lien pour être l'un à l'autre ressemblent, quel que soit leur âge, à ces adolescents qui, pour la première fois, jouissent de la liberté. Après l'effort qu'ils viennent d'accomplir, tout leur paraît facile. Soulagés d'un grand poids, ils trouvent l'existence légère. Comment songeraient-ils à demain quand ils viennent de rejeter le fardeau de la veille ? Ils sont encore tout surpris d'avoir fait ce qui leur semblait impossible. Ils sont émus de se sentir l'un à l'autre. Devant leur existence nouvelle, ils retrouvent le trouble d'une virginité. C'est une illusion exquise pour un homme qui connut tant de femmes et pour une courtisane. Nous avions eu la prudence d'attendre l'été pour réaliser ce rêve. Les froids de l'hiver auraient peut-être glacé notre ardeur, les pluies du printemps ou de l'automne détrempé notre allégresse. Mais la chaleur du soleil nous accueillait, nous échauffait. Il était naturel d'aller cacher notre bonheur à la campagne, dans les fleurs. M. de Villarceaux ne pouvait songer à m'installer dans son château du Vexin : sa famille s'y était retirée. Mais tout près, à Rueil, non loin de Meulan, était la demeure de son ami de Valliquierville. J'aime ce pays. La vue n'en est pas sauvage. On n'y rencontre pas de rochers, de monts escarpés. Le sol ne cherche pas à s'élever vers de prétentieuses hauteurs. Les lignes des coteaux sont souples. Les regards ne sont jamais attristés par l'âpreté et la sécheresse. Ce n'est que verdure, sources et ruisseaux. Le ciel n'est jamais brûlant, mais il voile de fins nuages un bleu qui n'est jamais éclatant. La lumière est douce. C'est toujours l'Ile-de-France. Aucun détail n'éveille des pensées douloureuses. On n'aspire qu'à vivre agréablement en cette région de bon goût.

M. de Valliquierville avait dépassé la cinquantaine et vivait en sage. Il fut heureux de nous accueillir et nous demanda de ne pas troubler son repos : c'était une façon de respecter notre liberté, notre désir de solitude. Il nous déclara que son égoïsme ne lui permettait pas de se préoccuper de nous et que nous devions agir comme s'il n'était pas en sa maison. Mais il prenait soin de faire préparer pour nous des repas sains et réconfortants. Il savait que l'amour a besoin de forces. Il avait plaisir à nous voir réparer les nôtres à sa table. Il choisissait pour nous en ses caves ces vins de Bordeaux qui conviennent aux convalescents. Ils étaient vieux parce qu'il ne buvait que de l'eau. Il ne se nourrissait que de légumes et de fruits. Ce n'était pas austérité, mais respect de la vie :

— Je sais bien, disait-il, que les arbres, les plantes, les herbes vivent et qu'elles peuvent souffrir comme les animaux. D'anciens préjugés me font croire pourtant, malgré moi, que le végétal ignore la douleur parce que je n'entends pas ses plaintes. Hélas ! nous ne pouvons nous délivrer de toutes les idées fausses. Il convient du moins de faire effort sur le chemin de la vérité.

Il s'était retiré dans cet endroit écarté pour trouver la paix. Il y oubliait la faiblesse de M. le duc d'Orléans pour qui il avait combattu, son exil en Angleterre et la victoire du Cardinal Mazarin qu'il n'aimait pas. Il avait connu l'ingratitude des princes et voulait ne plus s'en souvenir. Il cherchait à guérir son amertume en ce gracieux pays.

Nous nous levions tard parce qu'il est agréable de rester au lit, près de l'être qu'on aime, quand l'air pur et parfumé entre par la fenêtre ouverte, quand les arbres s'inclinent au soleil sous un vent léger, quand des nuages diaphanes passent pour que le ciel semble plus bleu, quand, par instants, les bruits du village donnent plus de prix au silence. Nous retrouvions, à table, pour dîner, M. de Valliquierville. Il s'était promené, dès le matin, pour voir les joyaux de la rosée, pour entendre le chant des oiseaux. Il avait longuement admiré des insectes qui semblent des pierreries, ou le travail des humbles fourmis :

— L'ordre de la nature, disait-il, n'oblige pas de croire en Dieu. Mais Gassendi a fait un sage effort en attribuant une part honorable au Créateur. Ainsi il s'est mis lui-même à l'abri de dangers toujours menaçants et il a laissé à la crédulité des mortels quelque espérance. Les difficultés de cette conciliation lui firent trouver de jolies expressions ; le langage doit en effet devenir subtil pour donner l'apparence de la séduction à ce qui est absurde. Ainsi je me réjouis de lire que l'entendement est la *fleur de l âme* et que l'âme est la *fleur du sang*. Mais il est dangereux de méditer dans les champs et dans les bois. Je n'aperçois partout que la loi de l'instinct. Je veux bien croire que l'égoïsme de chacun nous mène vers une justice universelle qu'a fixée la Providence. Il est fâcheux qu'elle nous la dissimule si obstinément et qu'un esprit humain ne la puisse concevoir. Nous travaillerions de meilleur cœur s'il nous était permis de connaître vaguement ce chef-d'œuvre qui se forme depuis des siècles grâce à la faiblesse cruelle des espèces et aux désespoirs des siècles.

Je dois avouer que M. de Villarceaux bâillait parfois. Mais il en avait bien le droit et je n'aurais pu l'en blâmer. J'écoutais avec plaisir M. de Valliquierville et souvent, après dîner, nous parlions d'Epicure, d'Aristote, de Gassendi, de Naudé. Il aimait ce philosophe et sa retraite de Gentilly. Il lui savait gré de ne boire, comme lui-même, que de l'eau. M. de Villarceaux demandait la permission de donner quelque repos à l'amas d'atomes dont il était composé ou de le promener à cheval. Je trouvais donc en cette retraite la joie de la pensée et l'ivresse de l'amour. M. de Villarceaux ne songeait pas être jaloux des plaisirs que me donnait M. de Valliquierville. L'amant ne souffre pas qu'un rival baise la main de sa maîtresse, mais il admet qu'un autre possède l'intelligence de la dame. Il se soumet ainsi au dogme religieux qui sépare de l'âme la chair.

L'hiver n'attiédit pas notre ardeur. M. de Villarceaux m'installa rue de Richelieu. J'avais espéré qu'il habiterait avec moi, mais il n'eut pas le courage de braver l'opinion du monde. J'en éprouvai un vif chagrin. Il était près de moi presque tout le jour ; il me quittait, le plus souvent, à l'aube. Mais je ne le trouvais plus en m'éveillant. Je n'avais auprès de moi que le creux laissé par le poids de son corps dans la couche. Du moins m'épargna-t-il l'offense de vivre — si peu que ce fût, — avec sa femme. J'avais craint qu'il ne consacrât quelques heures à la bonne Denise et ne lui fît un cinquième enfant. Il acheta l'hôtel qu'avait fait construire, en cette même rue, l'abbé de Boisrobert. Notre ami s'y réserva un logement. De ses fenêtres M. de Villarceaux pouvait voir ma demeure et me surveiller. Il se demandait ce que je faisais quand il m'abandonnait. Il n'aurait pas éprouvé pareille inquiétude s'il ne s'était jamais éloigné de moi, comme je l'aurais souhaité. J'avoue qu'il me plaisait d'exciter sa jalousie pour le punir de m'avoir soustrait quelques parcelles de son existence. Je crois bien que jamais je n'aurais songé à aucun autre homme si je l'avais eu tout à moi. N'avais-je pas chassé tout le monde pour n'être qu'à lui? En se reprenant, si peu que ce fût, il me donnait l'idée de rappeler ceux que j'avais bannis. Je ne le fis pas aussitôt : c'eût été une vengeance du commun, la réplique d'une commère qui se querelle avec son voisin. Je m'appliquai seulement à le faire un peu souffrir.

J'avais parlé d'un jeune homme qui se trouvait toujours sur mon passage quand j'allais prendre l'air dans le jardin de l'oculiste Thévenin, tout près de la maison. Il sembla n'attacher aucune importance à cet incident, mais je vis bien qu'il avait pâli et qu'il faisait effort pour ne pas élever la voix. Il partit bien avant l'aube. Je constatai qu'il rentrait chez lui et je ne pouvais douter que, de sa maison, il ne me surveillât. Une heure plus tard il vit bien que j'écrivais, à la lumière d'un imposant flambeau. Quelques minutes après, il entrait brutalement dans ma chambre et voulait m'arracher ma lettre. Je n'avais pas eu de peine à la dissimuler, puisque je n'avais pas tracé un mot sur le papier. En jurant, en poussant des cris de malédiction, il ouvrait les tiroirs, cherchait sous les meubles, dans le lit. Je m'aperçus que son front était meurtri et je lui dis :

— Quoi ? Déjà ?

Je crus qu'il allait me battre et je ne suis pas sûre de n'avoir pas reçu un soufflet. Mais c'est un détail que les femmes n'avouent guère. Il voulut bien m'expliquer enfin qu'il s'était coiffé d'une écuelle d'argent en croyant prendre son chapeau ; il l'avait enfoncée si violemment qu'il avait arraché la peau en se délivrant de ce casque ridicule :

— Vous ne riez pas ? dit-il.

Je n'en avais pas le cœur ; j'étais émue de ces mouvements furieux qui proclamaient la violence de son amour. Je lui demandai pardon d'avoir mis sa jalousie à l'épreuve. Il ne songea pas à se lever dès l'aube.

Comme il était un des meilleurs écuyers, il fit une chute. Il accomplissait en effet mille prouesses et domptait des chevaux dangereux. On le ramena chez lui en piteux état. Amis et parents accoururent. Il m'envoya des nouvelles par son frère l'abbé qui était le plus grand débauché de la famille. Il avait de l'esprit et sut me faire comprendre que je ne pouvais prodiguer mes soins au blessé. Mais M. de Villarceaux se désespérait de m'avoir fermé sa porte. Il redoutait mon ressentiment et pensait que la colère pourrait me rendre infidèle. Sa fièvre en augmentait. Il délirait de crainte et de jalousie. Les médecins montraient de l'inquiétude. Je ne songeais pas à le tromper et, pour lui prouver ma volonté de ne pas me montrer en public, je coupai ma chevelure et la lui fis porter par l'abbé. Il baisa mille fois ces tresses aux reflets roux. Ses mauvaises pensées s'envolèrent. Il fut vite debout, c'est-à-dire prêt à se coucher près de moi. Nous restâmes huit jours au lit.

Ainsi naquit la coiffure à la Ninon. C'est une invention de l'amour et non de Champagne qui voulut s'en attribuer la gloire. Ce fat s'est vanté d'autres triomphes et parfois il ne mentait pas. Il est probable que Mme de Choisy le reçut dans son lit parce qu'il arrivait à propos ; mais avait-il besoin de publier qu'elle avait les cuisses trop maigres ? Presque toutes les femmes souffraient ses insolences ; il lui arrivait d'exiger des baisers pour achever une coiffure ; il faisait bannir des toilettes ceux qui n'avaient pas l'heur de lui plaire ; sous prétexte qu'il tenait en dédain l'argent, il exigeait pour ses soins des cadeaux de grand prix. Il tira de gros profits du sacrifice que j'avais fait à la tranquillité de M. de Villarceaux. On trouva que j'en étais embellie, ce qui aurait été la juste récompense de ma vertu. Champagne propagea ce bruit et poussa toutes les femmes à m'imiter. Je ne peux me flatter que les siècles futurs connaîtront cette coiffure : la mode n'a qu'un temps et chez nos descendants, qui seront plus sages que nous, Champagne n'aura pas d'émule.

Ces petites querelles s'apaisèrent quand M. de Villarceaux me donna la plus grande joie qu'une femme puisse attendre de celui qu'elle aime : *l'enfant*. Je sais bien que certaines hausseront les épaules et s'écrieront :

— Grand merci du cadeau !

L'enfant, c'est le danger que nous redoutons toutes quand il n'est question que d'un caprice. Nous pensons que ressentir toutes les incommodités et les douleurs de la maternité, c'est payer bien cher un frisson. Les jeunes filles qui commettent la faute considèrent l'enfant comme le scandale et le châtiment. Les épouses qui, loin de leurs maris, ont un attachement ressentent les mêmes craintes. La peur de l'enfant et de la maladie nous détournerait de la volupté s'il était possible d'échapper à son attrait. Mais la nature a voulu que la séduction en fût si forte qu'elle fît accepter ces risques. Sinon, la race humaine n'existerait plus, depuis des siècles.

Soumise à l'ordre de la nature, il me paraissait bon de remplir le rôle de la femelle. J'en avais le besoin. J'étais comme une riche terre qui veut produire. Mais je n'étais pas indifférente à la qualité de la moisson que je devrais porter. Il m'était doux de la devoir à M. de Villarceaux. J'éprouvais la fierté de lui donner un enfant comme faisait si facilement sa femme et je craignais de lui annoncer mon espérance. Que serais-je devenue s'il avait froncé le sourcil et m'avait conseillé de rendre visite à quelque mégère habile pour me débarrasser d'un fardeau encore léger ? Mais son visage s'illumina de bonheur, il m'embrassa le plus tendrement du monde et me déclara qu'il voulait un garçon en ajoutant qu'il accepterait une fille pourvu qu'elle me ressemblât. Ce fut un fils : Louis-François. Plus tard M. de Villarceaux l'a reconnu et il prit le nom de Mornay.

J'aurais voulu le garder près de moi et l'élever, dès ses premiers jours, suivant les préceptes de la sagesse. La mode ne le permettait pas. M. de Villarceaux s'intéressait à cet enfant qui semblait de saine constitution ; mais il n'eût pas accepté qu'il devînt son rival et que je fusse mère plutôt qu'amoureuse. Il fallut donc confier Louis-François à une nourrice. Mais je le voyais souvent. J'ai veillé sur son éducation, sur sa carrière. J'ai assuré son avenir. Plus tard je ne l'ai pas eu près de moi autant que je l'aurais voulu, car il fut officier de marine. Il était attiré par les longs voyages. Sans doute j'avais voulu partir pour l'Amérique, ou du moins je l'avais dit ; mais ce n'est pas de moi, assurément, qu'il tint le désir de vivre loin de Paris. Peut-être a-t-il cédé à l'amour de l'infini dont le secret m'a toujours sollicitée, à un goût très vif pour la méditation. Souvent, quand il était petit, je regardais avec une attention profonde cet être qui était sorti de ma chair. Je cherchais dans ses yeux à deviner l'énigme de sa destinée. Il me semblait naturel que mon fils devînt le plus galant des cavaliers, qu'il ne rencontrât pas de cruelles. Il pouvait être aussi un poète, un écrivain. Philosophe audacieux, il aurait pu combattre pour la liberté de l'esprit. Il n'eut pas une destinée brillante, mais il me fut permis de lui aussurer, avec l'aide de son père, une existence sans grand souci. Notre ami Valliquierville, qui était célibataire, tint aussi à lui transmettre une rente.

M. de Villarceaux me fit sentir qu'il me considérait comme sa femme. Il m'en donna une preuve en m'installant à Villarceaux pendant l'été. Son épouse, la fidèle Denise, était ailleurs,avec les quatre enfants. J'aimais ce château à tourelles. Il paraît que, dans l'une d'elles, des condamnés avaient subi d'horribles supplices. M. de Villarceaux le disait pour rappeler qu'il était seigneur du pays. Je ne sais d'où il tenait son goût pour la peinture ; mais il a toujours peint très agréablement et il avait orné le château de ses tableaux. Il prenait souvent conseil des frères Brun près de qui vivait le poète Gombauld. Sa tante Leuville s'intéressait à ce vieillard qui avait inspiré un étrange intérêt à la reine Marie de Médicis : il ressemblait à un bel Italien qu'elle avait aimé à Florence. C'est pourquoi elle le reçut dans sa chambre les jupes relevées jusqu'aux cuisses. Curieux de scènes mythologiques, M. de Villarceaux se plaisait à me voir presque nue — telle une nymphe — sur les pelouses de son parc. Il m'arrivait même de rejeter le dernier voile pour me baigner dans la coupe en marbre d'un bassin. Il songea à fixer sur la toile ce bain. Mais c'est notre amie Mme Scarron qui tenta son pinceau. Elle ne posa pas devant lui ; elle aurait toujours redouté l'indiscrétion d'un tel ouvrage, mais M. de Villarceaux pouvait aisément tracer de mémoire la forme d'un corps qu'il avait eu souvent l'occasion de contempler. Mme Scarron vint plus d'une fois à Villarceaux, et comme elle n'aimait pas rester seule dans un appartement, elle couchait toujours dans mon lit.

Le Chevalier de Méré, qui l'a bien connue, disait que c'était la plus grande des comédiennes. Il lui donna des leçons de philosophie, dans le Poitou, avant qu'elle n'épousât Scarron. La morale qu'il enseignait était de donner satisfaction aux besoins de la nature. Peut-être, comme elle n'avait que seize ans, n'entendait-elle pas encore ces appels. Il y a des filles dont l'oreille est tardive. Peut-être le chevalier, dont elle aimait l'esprit, n'avait-il pas le corps qui lui convenait. Elle s'est toujours défendue de lui avoir accordé aucune faveur. Elle laissait entendre qu'elle était chaste sans effort. Aussi a-t-elle épousé Scarron qui était perclus de tous ses membres et dont les doigts seuls avaient conservé quelque agilité. Elle le préféra au couvent, ce qui prouve qu'elle n'était pas indifférente aux plaisirs du monde. Scarron avait conservé du goût pour les femmes. La joie du pauvre cul de jatte devait se borner à les voir. Mais il ne pouvait lever sa tête qui restait toujours abattue sur son épaule droite. Pour lui donner le spectacle de sa beauté, Françoise devait donc se mettre à genoux. Elle souffrait des propos sacrilèges qu'il tenait avec ses amis et n'assistait pas aux ripailles. Elle s'entretenait avec les femmes de haute vertu qui s'égaraient parfois dans sa maison. Sans doute, elle était sincère. Mais, après s'être attendrie sur les malheurs de Denise, l'épouse de M. de Villarceaux, elle témoignait au mari et à moi-même son amitié. Son intimité avec Mme de Montchevreuil, qui déjà était laide, mais n'était pas encore dévote, inquiétait Scarron :

— J'ai grand'peur, écrivait-il, que cette dame débauchée ne la fasse devenir sujette au vin et aux femmes.

Elle avait dix-neuf ans quand nous la recevions à Villarceaux et j'avais dépassé la trentaine. Elle ressentait pour moi une tendresse un peu inquiète et subissait l'autorité de mon expérience. Elle était belle. Ses jambes longues et fines faisaient songer aux chasseresses qui furent peintes ou sculptées d'après Diane de Poitiers. Elle n'était pas maigre. Son corps était plein sans paraître lourd. Sa chair avait un air de santé et donnait de l'appétit. Les épaules étaient rondes et un peu grasses, les seins hautains, le ventre ferme, les cuisses puissantes. J'aimais la souplesse de ses bras. Bien qu'en son enfance elle eût été obligée d'accomplir des besognes de cuisine, ses mains avaient retrouvé leur finesse. Ses jolis pieds ne laissaient pas soupçonner qu'elle eût porté de rudes chaussures quand elle gardait les dindons. Telle elle apparaît dans le portrait qu'a peint M. de Villarceaux : il l'avait bien regardée.

Je n'ai jamais aimé follement mon sexe. Mais je ne suis pas de celles qui flétrissent le penchant de certaines femmes pour des amies, qui proclament que jamais elles n'ont éprouvé un tel sentiment, et qui vont rejoindre une petite compagne. J'aurais été honteuse de n'avoir pas connu ce plaisir. Il m'a toujours paru moins complet que celui que peut donner un homme : j'ai déjà dit que j'étais une créature rare et que j'adorais la volupté naturelle, totale. Mais le baiser que deux femmes peuvent échanger a une vertu d'intimité qu'il serait malséant de méconnaître. Il scelle l'accord de deux créatures qui se connaissent d'instinct très profondément. L'homme que nous adorons le plus nous emporte parfois bien au delà, mais il n'est jamais aussi près de notre sensibilité. Nous nous retrouvons sur les lèvres des femmes.

Je n'ignorais pas qu'il était dangereux d'appeler si près de nous Françoise. M. de Villarceaux s'y était intéressé au moment de me connaître, et elle le trouvait à son goût. Mais je sentais bien que je ne m'attarderais pas toujours auprès de M. de Villarceaux. Ma devise fut : « Jusques au bout. » Ce sont des mots qui peuvent marquer une constance héroïque et des soldats les pourraient adopter. Je ne leur donnais pas ce sens et je me proposais seulement d'épuiser les plaisirs de l'existence *jusques au bout*. Je pensais que Françoise m'aiderait à détacher de moi M. de Villarceaux. Je ne lui demandai pas ce service : elle en aurait été humiliée et me l'eût refusé. Je comptais sur sa calme perfidie. Je simulai plus tard une confiance assez naïve pour leur donner l'abri de ma chambre afin qu'ils pussent s'entretenir en toute liberté. Elle crut qu'elle m'avait trahie quand elle avait obéi à ma volonté. Ainsi elle devait tromper Mme de Montespan qui ne le souhaitait pas : elle lui enleva le Roi. Elle avait fait chez moi son apprentissage en prenant M. de Villarceaux. Je ne sais comment elle fixa le souverain ; quand je l'ai connue, elle était si gauche en amour ! Peut-être M. de Villarceaux lui donna-t-il de bonnes leçons, Peut-être nous avait-elle caché sa science. Qui peut savoir si elle n'était point parvenue à fournir quelque bonheur à Scarron, *ce raccourci de la misère humaine ?* Si elle en tira un soupir, qui ne fut pas un soupir de douleur, c'était la plus habile des courtisanes. Mais elle me dissimula jalousement son secret.

Peut-être M. de Villarceaux ne l'ignorait-il pas. Il me permit, en effet, quand vint l'automne, d'accueillir de nouveau des amis dans ma maison. Il en éprouvait de l'ombrage. Il n'est pas défendu d'être à la fois infidèle et jaloux. Miossens, qui était devenu le Maréchal d'Albret, aurait bien voulu que j'eusse pour lui un revenez-y. M. de Villarceaux fut sur le point de le provoquer. C'est ce que je ne voulais pas. Miossens avait jadis tué Villandry en duel. Le chevalier d'Albret, son frère, avait tué Sévigné. Je redoutais ce don de famille et j'éloignai de moi le Maréchal. Rassuré, M. de Villarceaux voulut m'en témoigner une excessive gratitude et se crut encore assez sûr de mon cœur pour me prier de renvoyer tout le monde. Je refusai. Il ordonna. C'était bien ce que j'espérais. Il me mit en demeure de choisir entre l'amour qu'il représentait et l'amitié que les autres m'apportaient. Je lui répondis que l'amour pouvait se concilier avec l'amitié. Il sentit qu'il allait recevoir son congé et il s'empressa de reprendre la liberté qui menaçait de lui être rendue. Il publia qu'il était las de ma tyrannie et qu'il avait secoué ses fers. J'excusai sans peine ce mouvement de dépit et bientôt il devint mon ami. Je n'avais pas trop longtemps souffert de la tristesse que crée un amour languissant et qui ne peut pas s'éteindre tout à fait. D'autres rompent brusquement : j'avais patiemment dénoué le lien.

IX

MA PREMIÈRE REINE

Depuis quelques années les dévots me laissaient en paix. J'avais vécu dans la solitude avec M. de Villarceaux. Je pouvais en toute liberté commettre les péchés de luxure, d'adultère et tous les autres encore. Il m'était permis de blasphémer tout à mon aise avec notre ami Valliquierville. Tout se passait dans la retraite amoureuse et je n'offensais que Dieu. Mais, quand je congédiai M. de Villarceaux, la Compagnie du Saint-Sacrement s'émut. Sans doute je rendais à son épouse un mari qui d'ailleurs ne l'alla pas rejoindre. J'aurais pu alléguer aussi que j'avais mis bravement au monde un enfant quand un si grand nombre de femmes rejetaient farouchement les fruits de l'amour. Une assemblée de confesseurs n'avait-elle pas déclaré qu'en une seule année, dans la seule ville de Paris et à leur seule connaissance, plus de six cents jeunes mères avaient commis le crime d'infanticide ? Ce qui était grave, c'est que, de nouveau, les petits maîtres, les muguets, les poètes, les philosophes se réunissaient en ma maison. Allait-on revoir rue de Richelieu les impiétés qui avaient été commises faubourg Saint-Germain ? Il est vrai que mes amis ne s'attardaient pas dans les églises.

Ces Messieurs de la Compagnie me firent bientôt sentir l'intérêt qu'ils voulaient bien me porter. Des valets et des servantes venaient m'offrir leurs services. Ils avaient de quoi plaire et ne sentaient pas le cafard. Les hommes étaient adroits et fins, les femmes jolies et gaies. Ils ne demandaient que des gages modestes pour avoir l'honneur d'être à Mlle de Lanclos. Si j'avais été plus jeune et plus encline à la vanité, je n'aurais jamais reconnu les agents qui devaient surveiller mon existence et adresser des rapports aux zélés défenseurs du Très-Haut. Mais pouvais-je empêcher des espions de rôder devant ma maison et de noter les noms des personnages qui me faisaient visite ? Il n'en fallut pas davantage pour démontrer que les plus dangereux libertins se réunissaient autour de moi et que nous tenions des propos redoutables pour le ciel. Il est possible qu'on ait songé à m'envoyer devant un tribunal d'inquisition. La reine, au temps heureux de son enfance, avait vu brûler des hérétiques dans son doux pays d'Espagne. Il suffisait d'avoir écrit un refrain impie pour y être jeté au feu. Nous avons vu réduire en cendres Claude Petit qui avait écrit des chansons irrespectueuses pour la religion, et le sieur d'Ambreville, dont la conversation n'était pas orthodoxe. Je n'avais pas peur ; mais la reine passait de longues heures dans les églises ; elle consacrait aux exercices religieux le temps que lui laissaient la gourmandise et son goût très vif pour le Cardinal Mazarin. Ces Messieurs de la Compagnie avaient auprès d'elle des dames qui leur étaient toutes dévouées. La Maréchale de Grammont, dont la sottise et la laideur justifiaient généreusement l'amour de son mari pour le sexe masculin, ressentait pour moi une haine bien légitime. Le Maréchal disait qu'elle aurait donné quinze et bisque à Belzébuth. Soutenue par Mme de Vendôme et par Mme de Sénecé, la pauvre gouvernante du roi, elle obtint la lettre qui m'enfermait aux Madelonnettes et elle se donna la satisfaction de m'y conduire.

Les religieuses me firent un accueil froid, sévère. Elles menèrent la Maréchale vers la chambre qui m'était réservée. Je frissonnai en voyant un lit de servante, deux chaises de paille, un imposant prie-Dieu et un grand crucifix. Mme de Grammont approuva d'un signe de tête et déclara que ce lieu était tout à fait propre à la méditation. Elle prit congé de nous en me disant qu'elle ne manquerait pas de prier pour ma rédemption. Je restai seule avec Anne-Marie Bollain qui dirigeait la maison. Elle m'engagea aussitôt à ne pas trop m'attrister d'une captivité qu'elle s'efforcerait de m'adoucir et me pria de la suivre. Nous arrivâmes dans un appartement agréable :

— Il ne convient pas, me dit-elle, que Mlle de Lanclos soit enfermée dans une pauvre cellule. Nous ne saurions vous donner tous les agréments dont vous jouissez rue de Richelieu ; mais nous ferons de notre mieux.

La couche était large et semblait douce. Elle était couverte d'une étoffe de soie. Des rideaux d'une nuance tendre donnaient à la pièce une fine lumière. Les fauteuils étaient de tapisserie. Un soin tout particulier avait été apporté à la coiffeuse. Dans le cabinet voisin, il y avait une vasque de marbre, des flacons de parfums, des éponges, des pâtes, des onguents :

— Il me semble, expliqua-t-elle en souriant, que le chemin du ciel ne doit point paraître trop rude. Sinon, quelle pécheresse voudrait s'y engager ? Je sais que vous aimez la lecture. Vous trouverez dans ce meuble les Saintes Ecritures et Montaigne qui, m'a-t-on dit, vous est très cher.

Elle souriait de ma surprise et, me demandant la permission de me donner le baiser de paix, elle s'en fut en me faisant observer que sa chambre était voisine, que nous habitions porte à porte et qu'elle viendrait dès que je l'appellerais.

Il y eut, dès le lendemain, une grande rumeur dans cette paroisse Saint-Nicolas-des-Champs. Des gentilshommes rôdaient autour des Madelonnettes et tenaient des conciliabules. Certains s'installaient dans les maisons qui nous entouraient. Allait-on voir se former ce camp de dix mille athées que M. de Roquelaure se flattait de pouvoir réunir pour le service du roi ? Que ne disait-on pas ? On affirmait que le Chevalier de Roquelaure voulait enlever la place ; des nonnes se signaient en prononçant le nom de ce fou qui avait baptisé, marié des chiens, et qui avait menacé de tuer un Cordelier accouru au chevet d'un ami mourant : l'agonisant en avait ri si fort qu'il avait retrouvé la santé. Vivonne en était qui, plus tard, devait organiser des soupers sacrilèges dans le château de Roissy. On nommait Bussy-Rabutin qui fit danser des squelettes au siège de Lérida. On avait vu la troupe des laquais qui naguère, dans une église, avaient arraché au prêtre l'hostie pour contraindre Jésus à se montrer. On comptait sur le renfort des jeunes gens qui, sur le pont de l'Ile Saint-Louis, avaient renversé le crucifix. La bienveillante Anne-Marie Bollain pensait que l'assaut serait donné dans la nuit pour me délivrer. Comme elle était responsable de ma garde, elle décida de rester jusqu'à l'aube près de moi et elle le fit toute une semaine pour ne pas manquer à son devoir.

Il était vrai que mes amis s'agitaient. Sans doute ils ne songèrent pas à m'arracher par la force d'une maison d'où j'aurais pu sortir sans violence. Pourtant j'aurais eu quelque mal à me délivrer des nonnes. Mais, à la Cour, certains murmuraient. Ainsi quand le chevalier de Roquelaure fut mené à la Bastille, Mme de Longueville déclara qu'on n'avait jamais vu arrêter un homme de condition pour des bagatelles comme cela. On crut prudent de me conduire à Lagny, au couvent des Bénédictines. On espérait que mes amis m'oublieraient vite quand je serais hors de Paris. Mais je n'en étais pas bien loin et on faisait partie de m'y rendre visite. Il y avait une assez bonne hôtellerie, — *L'Epée Royale*. L'aubergiste orna ses chambres, appela un cuisinier de mérite. Chaque jour il m'embarrassait de sa gratitude.

L'abbé de Boisrobert vint des premiers et son humilité fit grande impression sur l'hôte de *L'Epée Royale* ; car il ne voulut qu'un lit pour lui et son laquais. Tout le pays comprit qu'il n'était pas ébloui de sa grandeur, qu'il traitait d'égal à égal son serviteur, comme le prescrit l'Evangile, et qu'en échange il obtenait de ses gens des attentions toutes particulières. Il apprit avec plaisir la sollicitude que m'avaient témoignée les nonnes des Madelonnettes. Je lui dis que près d'elles, à son imitation, je commençais d'aimer mon sexe. Il m'affirma que j'étais dans la voie de la sagesse :

— Il est évident, me dit-il, que jadis deux races très opposées l'une à l'autre se rencontrèrent : d'une part les hommes, d'autre part les femmes. Ils étaient nés pour se haïr et nous en avons chaque jour la preuve puisque les hommes et les femmes sont toujours et sur toute question en complet et immédiat désaccord. Les individus de chacune de ces races possédaient, comme certaines fleurs, la propriété de se reproduire eux-mêmes. Mais une aberration morale rapprocha ces animaux que la nature aurait dû tenir éloignés les uns des autres. De ces unions monstrueuses sont nés les hommes et les femmes que nous voyons aujourd'hui. Certains et certaines, qui ne se laissent pas égarer par un goût pervers, ont conservé la droiture primitive, — et j'en suis. Je peux me vanter d'avoir montré le bon chemin à tous les pages qui étaient près du feu Cardinal, l'aimable Vandy qui me livra son camarade Nanteuil, et le petit Saint-Georges qui s'en est si à propos défendu. Le roi Louis, treizième du nom, n'a-t-il pas donné le bon exemple avec M. de Cinq-Mars? Le frère de notre bien-aimé souverain ne proclame-t-il pas cette vérité avec le comte de Guiche qui se permet de lui donner des coups de pied au cul et avec Philippe de Lorraine ? On dit que les nécessités de la guerre ont rapproché notre héros Condé de ses petits-maîtres. Laissez-moi croire qu'il a retrouvé cette saine tradition grâce à son savant Isaac de La Peyrère qui étudia les *Préadamites*. Avant Adam, en effet, les deux races vivaient séparées. La faute d'Adam et d'Eve, c'est la confusion criminelle de ces deux races.

Il acheva son sermon en m'affirmant que l'amour d'une femme pouvait seul me sauver. Il fut bon prophète. Je vis en effet arriver un jour, à Lagny, une créature au costume bizarre et qui faisait grand bruit. C'était la reine Christine de Suède.

Elle m'embrassa tout d'abord avec une grande violence pour me démontrer que je lui étais aussitôt sympathique :

— Ah ! s'écria-t-elle, qu'elle est belle ! Que j'aime cette petite tête ! Comment peut-elle supporter le poids de ces cheveux ! Il est vrai qu'ils sont fins. Ce sont des étincelles sur un fond de nuit ! Que le cou est noble et délicat ! Et qu'y a-t-il dans ces yeux à la douce flamme ! Le nez m'en imposerait si la bouche ne s'offrait comme un fruit. Comme vous avez raison de ne pas cacher cette gorge ! Un soudard se pencherait pour mieux la voir. Je crois bien que je suis un soudard et j'ai bien raison puisque la fleur de vos seins est si rose. Mordieu ! je n'ai pas encore vu, en France ni ailleurs, créature si séduisante !

Elle prit une de ses bagues et me la mit au doigt. Comme je m'en défendais, elle me dit que cet anneau ne m'engageait à rien et que ce n'était pas un lien nuptial. Elle m'apprit que le Maréchal d'Albret lui avait conté mon aventure :

— C'est un brave homme, parbleu ! J'ai ressenti

aussitôt de l'inclination pour lui, même de l'admiration. Ne s'est-il pas poussé dans le monde en arrachant des milliers d'écus à Mme de Rohan et n'est-il pas devenu maréchal en arrêtant par traîtrise les Princes ? C'est un vaillant. Il connaît *Le Moyen de Parvenir*. Vous aimez ce chef-d'œuvre de Béroalde de Verville ? C'est un beau livre de dévotion. Il m'a été d'un grand secours dans mon royaume. Je m'y ennuyais trop. Il y fait froid. Les saletés dont cet ouvrage est rempli me réchauffaient. Je me le faisais lire à haute voix par les demoiselles de la Cour. Elles rougissaient. Quand elles ne rougissaient pas, je leur demandais de m'expliquer ce qu'elles venaient de lire. Je voyais bien qu'elles n'avaient pas compris ; c'est donc moi qui donnais tous les éclaircissements nécessaires, et elles rougissaient enfin. Ce sont des sottes. Une fille qui n'est point née stupide doit tout avoir deviné dès sa treizième année si elle n'est pas précoce. Je suis sûre que, dès dix ans, vous n'ignoriez plus rien, comme moi-même.

Ceci nous conduisit tout naturellement à nous entretenir de religion et de philosophie. Elle n'était point folle comme on aurait pu le croire. Elle avait lu les philosophes et ne supportait pas une loi qui aurait mis obstacle à son plaisir. Elle croyait que notre devoir est de donner toute satisfaction à la nature et que la créature doit s'appliquer à s'enrichir de besoins. Tout ce qui restreint l'esprit et la sensibilité lui semblait criminel. Elle avait l'enthousiasme d'une Bacchante et supprima Monadelschi comme les adeptes de l'ivresse sacrée auraient déchiré, dans la célébration de leurs mystères, l'intrus. A Fontainebleau tout le monde ne rendit pas hommage à cette fureur religieuse de Ménade :

— Il est monstrueux, me dit-elle, de t'enfermer ici (elle me parlait comme à une trop tendre amie et peut-être en avait-elle le droit). Tu es la clarté que l'ombre tient prisonnière, la joie de vivre dont la mort est jalouse. Il y a une vieille chanson de mon pays qui use de tels mots. Je vais dire au roi qu'il te mette en liberté, que je te réclame et je t'emmènerai en Italie. Nous irons à Rome non pour voir le pape, mais pour retrouver les Anciens qui aimaient l'existence. Nous rencontrerons peut-être Néron qui doit bien regretter d'avoir été trop indulgent aux chrétiens.

Je lui répondis que si une servitude avait pu me tenter, je l'aurais choisie pour maîtresse, mais que je ne pouvais supporter la plus légère chaîne :

— Et, malgré tout, tu aimes la France. Tu as raison. C'est le plus doux pays et les dévots ne parviendront pas à en obscurcir le ciel. Puisque tu ne peux pas être à moi, je vais te donner au roi.

En vain je tentai de protester :

— Tais-toi ! Il faut qu'il ait auprès de lui une femme qui le préserve des prêtres, j'entends des mauvais prêtres, de ceux qui tiennent en mépris les biens terrestres. Je vais lui conseiller de t'épouser ou, du moins, de t'installer près de lui comme maîtresse. J'avais songé à lui donner Olympe Mancini. Elle est belle et, comme son oncle Mazarin, incrédule. Elle sait ce qu'est l'Eglise ; elle est de la famille. Mais elle est sotte, — la *bécasse*. Il y faut renoncer. Ah ! si sa sœur Marie n'était pas aussi laide ! Mais tu as tout ce qu'il faut pour plaire au souverain et pour le tenir. L'âge d'abord ! Quel âge ? Trente ?... Trente-cinq ? Un peu plus ! C'est ce qu'il faut pour cueillir ce gamin de dix-huit ans. Je te confie la destinée de ton pays.

« Ne hausse pas les épaules, ma divine. J'aurais voulu te garder pour moi et t'emmener en Italie avec l'abbé Bourdelot qui a bien voulu pour moi renoncer au service de Monsieur le Prince. J'aurais emporté ainsi la plus belle femme et le plus savant docteur qui sont aussi les deux meilleurs philosophes de France. Mais sans doute avez-vous raison et votre place est ici, — non pas à Lagny, mais bien à la Cour, — tout près du monarque, à sa droite ou à sa gauche. Je lui en parlerai dès demain. Je lui ferai la description de Ninon ; je lui dirai aussi les qualités de votre esprit. Il comprendra qu'il en doit être animé et ne pas se laisser étouffer par la lourde poussière de la dévotion. Ce jeune homme qui se livre aux plaisirs militaires ne me plaît pas beaucoup : j'ai abandonné la Suède parce qu'on n'y sait faire que la guerre et je retrouve ici un roi qui pourrait régner chez nous. Mais il n'a pas vingt ans et vous le formerez.

« Il n'a pas grand motif de chérir les dévots qui ne soutinrent guère ses droits pendant les troubles. Tous les monarques ont peur de la religion. Depuis quelques années, ils se méfient des gens austères. Ils ne peuvent oublier que le roi Charles d'Angleterre vient d'être livré au bourreau par les Puritains. Toutes les factions politiques, tous les partis qui font profession d'une sèche vertu, leur rappellent M. Cromwell et ses bons amis. Ils sentent passer sur la nuque un frisson. Votre jeune souverain, plus que tout autre, a tremblé au souvenir de Londres, quand il risquait de perdre son royaume. Il a près de lui sa tante Henriette, la veuve du martyr, et leur fille. Comment ne songeait-il pas chaque jour à l'infortuné Charles qui doit à son supplice une immortelle renommée et dont M. de Bautru disait si justement :

— C'est un veau qu'on mène de marché en marché ; enfin on le mènera à la boucherie.

« Ceux qui l'y ont mené ne seront jamais sympathiques à votre roi et dès qu'il entendra des gens flétrir les joies de ce monde, tonner contre la frivolité et le luxe, il pourra bien songer aux Puritains et refréner le zèle indiscret de cette pieuse cabale. Il suffira d'appeler son attention sur l'ardeur de ces hypocrites. Je suis heureuse d'y songer tout à coup. C'est que vous éclairez mon esprit.

Elle m'embrassa, et je ne l'ai plus revue. Mais Boisrobert avait été bon prophète et c'est à une femme — puisque c'est à elle — que je dois mon salut. Elle parla au roi qui repoussa de toutes ses forces le projet de m'appeler auprès de lui et ne voulut même pas me voir. Mais elle sut le mettre en défiance contre les dévots. Il est certain que son Eminence dut approuver le conseil donné par la reine de Suède. Le Cardinal aimait le luxe. Il était heureux de contempler ses belles tapisseries, ses tableaux, ses statues antiques dont les nudités faisaient crier les purs chrétiens. Il n'aurait pas usé de son autorité en ma faveur ; l'affaire lui semblait trop mince ; mais il se réjouit de l'ordre qui me rendait à la liberté parce qu'il mit en fureur la Compagnie du Saint-Sacrement.

Les larmes dans les yeux, la Reine Mère lui porta ses plaintes :

— Madame, dit-il, le roi l'a voulu ainsi. J'en ai été le premier très surpris. Je comprends que la Compagnie du Saint-Sacrement soit affligée de cette humiliation. Qu'elle l'accepte comme une grâce du Seigneur ! Elle peut y voir aussi un avertissement. Je sais que vous porterez à ces Messieurs des consolations et des aumônes. Ils ont besoin d'être réconfortés par votre présence et par vos largesses. A cette occasion, quelques-uns d'entre eux seront sans doute priés à votre table et feront bonne chère. Permettez-moi d'y faire porter un vin précieux que j'ai reçu de Naples : lacryma Christi, les larmes mêmes du Seigneur. En le buvant, ces Messieurs accepteront de meilleur cœur des événements qui affligent Dieu et ils regretteront qu'il ne pleure pas plus souvent. Comme vous savez, Madame, la dévotion est gourmande.

X

MA PREMIÈRE CHAIRE

Je ne demeurai plus longtemps rue de Richelieu. Il faut s'éloigner d'une paroisse où l'on eut quelques difficultés avec le ciel. Je retournai au quartier de mon enfance que mon père avait si prudemment choisi. Le Marais a toujours joui d'une tolérance. On veut peut-être que tous les libertins s'y retirent pour ne pas infecter le reste de Paris. C'est le *ghetto* des épicuriens. J'y trouvai aisément, rue des Tournelles, la maison que je n'ai plus quittée. Il me fallait aussi des payeurs puisque j'avais congédié tout le monde pour être au seul Villarceaux. Mais il y a toujours des hommes qui semblent attendre le signe de certaines femmes pour leur donner beaucoup d'argent et n'en rien recevoir, ou si peu. Ainsi j'eus Gourville et Foureau. Celui-ci était sorti de la misère et vivait dans l'opulence, grâce à des opérations audacieuses. C'est une grande joie de rencontrer un tel homme, d'abord parce qu'il y a plaisir à puiser dans des coffres bien remplis, et aussi parce que c'est faire œuvre de justice. En quelques années Foureau retomba dans la pauvreté d'où il était si criminellement sorti.

Gourville, qui avait eu aussi d'humbles débuts, était un autre homme. Il n'a pas volé moins que Foureau, mais il était d'une vive intelligence. Il prit sans effort le ton de la noblesse qu'il avait servie et s'allia secrètement à la famille de M. de La Rochefoucauld. Il préserva la fortune de ce maître et il est naturel qu'il en ait conservé une partie. Il aimait les beaux jardins, les demeures magnifiques et trouvait les moyens de les posséder. Il connut de terribles disgrâces et s'en releva toujours. Jusqu'à sa mort, il est resté mon ami. Il fallait qu'il eût bien du mérite, de la délicatesse et de l'esprit pour échapper à cette aversion que nous sentons toujours pour les payeurs.

Il est certain que je ne lui fus jamais fidèle. Mais il n'aurait jamais songé à me le demander et il en eût été dangereusement étonné : il avait l'usage du monde. Il devinait bien que j'avais du goût pour l'entraînant Vivonne. Il suivait avec intérêt les leçons que je donnais à des jeunes gens. Je n'aurais jamais cru qu'un jour je monterais en chaire pour enseigner l'amour. Je n'ai jamais aimé les pédagogues et j'ai toujours tenu à l'écart les pédants. Je fus sans doute poussée à ce rôle par le Chevalier de Méré qui venait parfois rue des Tournelles et qui apportait partout sa manie de faire des disciples.

Il se flattait d'être l'*honnête homme* et il en donnait cette définition :

— Il ne faut que bien dire et bien faire pour être honnête homme.

Il vivait suivant cette maxime. Il gardait toujours le bon ton et, s'il n'aimait pas Voiture, c'est qu'il avait été choqué des farces qu'imaginait ce poète pour en amuser l'hôtel de Rambouillet. Il tenait en mépris ces façons de bouffon. C'était *l'honnête homme* qui protestait. Il était jaloux aussi des succès qu'obtenait la drôlerie de Voiture. Sous l'apparence volontairement discrète de *l'honnête homme*, le Chevalier de Méré voulait que tout le monde rendît un juste hommage à son mérite. Certes, ce mérite était grand ; mais il le jugeait tel que nul ne pouvait lui être comparé. Il ne parlait jamais de ses services, pensant que l'honnête homme ne doit se vanter ni de ses campagnes ni de ses chasses ; mais nul n'ignorait où il s'était trouvé et même qu'il avait combattu dans des pays barbares, parce qu'il était chevalier de Malte. Il entendait l'espagnol et l'italien, ce qui est assez commun, mais il avouait qu'il possédait aussi l'arabe, ce qu'il était difficile de vérifier. Il trouva tout naturel de dire que M. Pascal avait reçu de lui d'utiles conseils pour avancer dans l'étude des sciences. Il est vrai que, dans un petit voyage qu'il fit avec le chevalier, le duc de Roanny et Miton, M. Pascal, séduit par ce divertissement, déclara qu'il apercevait la vanité des mathématiques. Mais c'était le joyeux mouvement d'un esprit qui prend quelque repos et seul l'orgueil du chevalier pouvait donner un autre sens à cette plaisanterie. Au jeu même — car il était joueur comme Miton, son ami, — le chevalier se flattait d'être un maître et d'avoir été choisi comme arbitre par la table des maréchaux.

J'ai beaucoup appris du Chevalier qui vint vers moi dès mes débuts, — mais moins qu'il ne l'a cru et qu'il ne l'a dit. Il avait un grand désir de former les cerveaux et de pétrir les âmes. Il a toujours pensé que la puissance de son esprit lui permettrait de régner sur quelque belle. Je fus à lui parce qu'il le souhaitait et que je le lui devais bien, mais je ne m'y attardai pas : il demeurait au lit trop honnête homme. En gardant l'air modeste de celui qui n'a rien obtenu, il laissait entendre que je ne l'avais jamais éloigné de ma chambre et que des liens mystérieux nous unissaient. N'a-t-on pas dit que j'en avais eu un enfant ?

Son rêve était de donner des leçons à un prince. Il imaginait que l'héritier d'un trône, s'il avait reçu son enseignement, serait devenu le plus grand des rois. Son vœu fut presque exaucé puisqu'il forma Françoise d'Aubigné au temps où on l'appelait la belle Indienne, parce qu'elle revenait des Iles. Elle ne gardait plus les dindons, mais vivait assez misérablement dans la province du Chevalier, en attendant qu'elle épousât Scarron. Il lui apprit bien des choses, et peut-être même ce que son mari infirme ne pouvait songer à lui apprendre. La Reine Mère ne faisait-elle pas savoir à son malade que sa femme serait le meuble le plus inutile de sa maison ? Le Chevalier pensait que celle qui devint Mme de Maintenon ne brilla dans le monde que grâce à ses soins et il la traitait d'ingrate. Il eut la satisfaction de voir son élève devenir reine de France. Il en était glorieux et en gémissait tout à la fois dans son humble retraite du Poitou. Je crois qu'il est mort d'orgueil de l'avoir élevée si haut et de rage d'en être si obstinément oublié.

Si je me suis laissé entraîner à donner des conseils aux jeunes gens, c'est peut-être que j'avais subi, plus que je ne le pensais moi-même, l'influence du chevalier. Je leur disais comme il le répétait :

— Je ne vois rien de si rare ni qu'on doive tant rechercher que d'avoir du goût et de l'avoir fin.

Et, pour m'excuser de monter ainsi en chaire, je n'avais qu'à rappeler ces mots :

— On n'est jamais tout à fait honnête homme, ou du moins galant homme, que les Dames ne s'en soient mêlées.

Il faut d'abord, disais-je à mes élèves, que l'amour ne soit pas une cause de tristesse. Nous ne devons jamais oublier ce principe :

— La joie est nécessaire à la vie.

Pour charmer une belle, il est bon de savoir lui parler. Mais ne croyez pas qu'il convienne d'user d'un langage recherché. Souvent on gâte ce qu'on veut trop polir ou trop embellir. C'est un défaut d'abuser de l'esprit et je ne crains rien tant que ceux qui en ont tout le long du jour. Pour plaire aux femmes qu'on entretient, il suffit de leur dire des choses qu'elles soient bien aises d'entendre. Il faut donc leur parler d'elles-mêmes. Les moins habiles se contentent de faire l'éloge des mérites qu'elles peuvent avoir. Je crois qu'il est permis d'aller plus loin et d'obtenir davantage en célébrant surtout les imperfections dont elles peuvent être inquiètes.

Il ne faut pas d'ailleurs attacher une trop grande importance au langage. Jamais des phrases ne nous firent tomber. Les hommes ont tort de croire que les belles cèdent à leurs paroles ingénieuses, à leurs savantes manœuvres. Ils croient qu'ils sont des conquérants et que leur victoire est due à la stratégie amoureuse. En vérité, nous apercevons aussitôt celui qui a chance de nous plaire. Il n'a pas besoin de prononcer une syllabe : nous le sentons. Il est souvent choisi avant même qu'il ne nous ait regardées. Mais nous ne le faisons point paraître. Nous voulons toujours lui donner l'illusion de notre fragilité. Nous tenons à succomber. Mais les mots, les gestes ne déterminent pas notre chute : ils nous permettent de tomber comme il convient, honorablement.

Il est difficile de fixer des préceptes pour les heures d'intimité. Tout naturellement, l'amour donne des inventions pour plaire à la personne qu'on aime. Telle femme aime une fougue que telle autre jugera très égoïste. Certaines préfèrent à la violence je ne sais quoi de retenu. J'en ai connu pour qui l'amant devait garder une noblesse de manière comme l'officier à la parade ou le prêtre à l'autel. Quelquefois la négligence a plus de grâce que les plus beaux ornements. Celle-ci veut, dans les instants suprêmes, des mots choisis, de fins soupirs, et cette autre les expressions les plus basses, des jurons, des cris. Il faut deviner et tenir aussitôt le rôle que la femme désire. Il n'est pas inutile de regarder ce qu'on fait comme une comédie et de s'imaginer qu'on joue un personnage de théâtre. Cette pensée empêche d'avoir rien trop à cœur et donne ensuite une liberté de langage et d'action qu'on n'a point lorsqu'on est troublé de crainte et d'inquiétude. Et d'ailleurs le monde n'est-il pas une comédie où l'on voit à toute heure des changements de scène et d'acteurs ? Mais n'oubliez pas que le premier devoir de l'acteur est de paraître sincère.

Il ne suffit pas de vaincre et de jouir de la victoire. Il faut envisager avec esprit le moment de la retraite. N'insistez pas plus qu'il ne faut auprès de la femme qui ne vous aime pas ou ne vous aime plus : le plaisir d'être aimé, lorsqu'on n'aime point soi-même, est plus incommode qu'agréable. Si vous êtes le premier à ne plus aimer, laissez à la femme l'avantage de rompre et de paraître cruelle. Ce sacrifice à votre vanité vous sera précieux et d'autres vous prendront plus facilement puisqu'elles seront assurées de vous quitter avec honneur. N'imitez pas ces fats qui se hâtent d'abandonner les belles pour n'en être pas rejetés. Ayez au contraire la délicatesse de nous faire sentir l'affaiblissement de votre amour pour que nous puissions vous congédier à temps. Même quand vous êtes ou avez été l'amant d'une femme, n'oubliez pas d'être son ami.

S'il vous arrive de souffrir, efforcez-vous de n'en point faire confidence. Il est des secrets qu'il faut savoir garder. Vous avez intérêt à vous taire : vous risquez d'ennuyer ceux à qui vous parlerez. Nos peines semblent toujours légères à autrui. S'il vous faut absolument gémir, choisissez bien celui qui doit vous entendre : il ne faut se plaindre de ses malheurs qu'avec les personnes qu'on aime.

Au nom de l'amitié, ne révélez jamais à un homme ou à une femme une infidélité. Vous seriez mal payé de vos soins : quoiqu'on n'aime pas à être trompé, on aime beaucoup moins à être désabusé.

Quelle femme devez-vous aimer ? L'amour et la

raison ne s'accordent pas volontiers. On loue les plus belles femmes, mais on aime d'ordinaire les plus jolies. La jeunesse n'est pas toujours aussi dangereuse pour les cœurs que l'âge mûr. Tel de nos rois ne put se détacher d'une vieille maîtresse qui avait appartenu à son père et qui ne fut jamais fidèle à l'un ni à l'autre. Telle Impératrice de Rome préférait aux jeunes gens les plus beaux, les plus nobles, les gladiateurs aux visages déchirés, hideux. Il semble naturel de choisir une créature qui veuille être constante et dont la pudeur réserve à son époux le secret de sa beauté, le mystère de son ardeur. Il arrive pourtant que des maris et des amants ne peuvent être heureux que s'ils montrent à d'autres le corps de leurs compagnes. Ils sont semblables au roi Candaule qui fit tant d'efforts pour que Gygès vît la reine nue. Ainsi un des plus nobles gentilshommes, et qui a le renom d'un sage, recherche les soupers les plus libres pour persuader à sa femme d'offrir à tous le spectacle de ses formes. Elle résiste à ses prières ; on l'a vue prendre une épée pour se défendre de cet époux qui la voulait dévêtir malgré elle et la livrer à l'un des assistants : elle affirme qu'il est toujours préoccupé de ce désir. Ne lui jetons pas la première pierre ; si les personnages que l'amour engage disaient naïvement tout ce qui se passe dans leur cœur et dans leur esprit, on verrait des choses bien surprenantes.

J'ai connu une femme admirable qui avait un mari d'une égale beauté. Il avait une telle grâce que des hommes même en étaient émus. Jaloux de son épouse, qui était pudique, sévère, il ne souffrait en leur maison que la présence d'un ami. Il vit bientôt que cet homme n'était pas indifférent à sa femme et qu'elle avait fait de violents efforts pour résister à cet attrait. Il fut très joyeux de cette découverte et de l'aveu qu'il obtint de sa femme. Il s'assura que son ami aimait comme il était aimé ; mais jamais il n'avait déclaré sa flamme et il était bien décidé à partir pour échapper à la tentation.

— Ah ! cruel ! s'écria le mari, pourrais-tu vivre sans moi ? Laissons aux amitiés ordinaires ces faux devoirs de coutume qui ne font qu'embarrasser la vie. Sache que tout ce qu'il y a de plus honnête et de plus raisonnable dans la nature est ce qui contribue le plus à notre bonheur. Ce qui paraît de ma femme ne fait pas tout son mérite et, si tu savais comme on la trouve et ce qu'on devient auprès d'elle, tu mourrais plutôt que de la quitter. Je t'assure aussi que je n'ai de plaisir avec elle qu'en imaginant que tu la tiens entre tes bras. En rêvant, et même tout éveillée, elle s'imagine que tu es auprès d'elle et cette imagination l'engage à me caresser plus tendrement. Je veux et je te conjure d'y consentir : que tout soit commun entre nous trois et que la félicité des uns dépende de celle des autres.

Je mettais en garde mes élèves contre les vilaines aventures. Je n'ai jamais approuvé les violences que de petits-maîtres firent subir, dans le Bois de Boulogne, à des femmes qui revenaient de Saint-Cloud. Je ne sais pourquoi le Prince de Condé s'intéressait par hasard à l'une d'elles. Toutes étaient de bonne naissance. Elles furent entraînées dans les fourrés et chacun en usa à son gré. En ce lieu désert elles auraient appelé en vain. Elles se résignèrent donc à subir des étreintes qui leur étaient imposées. Il paraît qu'elles y trouvèrent même un plaisir qui était exempt de remords puisqu'elles étaient les victimes d'une brutalité. Certaines, qui voulurent résister à la volupté, n'en furent que plus heureuses : la joie dont on se défend éclate avec une force extrême au moment où nous ne la pouvons plus retenir.

J'engageais aussi ces jeunes gens à ne pas se laisser attirer par les femmes sans pudeur. Je ne serais jamais allée chez la Présidente Lescalopier et je considérai comme une offense qu'elle m'eût priée au bal. Elle eut un jour chez elle plus de deux cents hommes et quatre femmes. On la vit s'enfermer une fois dans sa chambre avec trente Gascons, tandis que son amant Bouteville amusait le reste de la compagnie. C'est bien par hasard que je rencontrai à la campagne Mme de Champré qui, avec Mme d'Ecquevilly et Mme de Turgis, fit le voyage de Noyon où toutes trois passèrent par les piques parce qu'elles avaient rencontré le régiment de M. d'Orléans. Elles n'avouèrent que les officiers, mais durent subir aussi les gendarmes. Une d'elles en mourut de honte ; mais Mme de Champré ne s'en porta que mieux, continua de jouer, de faire mille dépenses et mille folies ; ne promit-elle pas un jour, en badinant, un quart d'écu au jeune homme de la compagnie qui montrerait le plus beau cul ? Son mari, qu'elle appelait tendrement *petit cœur*, n'avait pas la force de s'opposer à ses extravagances. De telles femmes profanent l'amour.

Certains de mes élèves sollicitaient un enseignement qui les mît à l'œuvre. Je ne pouvais le leur refuser : ainsi j'ai pris soin de Duras, de Dangeau, et du jeune Guiche qui fut plus tard à Mme d'Orléans, mais un peu fatigué et défraîchi. Il avait encore de quoi plaire et s'en fit adorer. On sait qu'il a subi de terribles démêlés avec Vardes. Celui-ci a pris la réputation d'un méchant homme et qui pouvait jouer de lâches tours. Je n'eus jamais lieu de m'en plaindre. Tant qu'il fut près de moi, il sut refréner cette humeur ombrageuse qui devait lui faire commettre de lâches actions. Je tenais en estime son incrédulité qui n'était pas légère, mais farouche. Il dissimulait sous son élégance un instinct sauvage. Il était galant ; mais il est peut-être le seul homme que j'aie connu qui pouvait ressentir un amour de tragédie. Cette flamme donnait une étrange beauté à son regard. Il semblait brûlé de passion et, si je n'avais pas adopté une autre règle d'existence, je me serais attachée peut-être à cet homme qui sans doute m'aurait fait du mal. Il m'est arrivé de regretter que l'existence nous eût séparés.

XI

MON PREMIER COMÉDIEN

Chapelle m'avait souvent parlé de Molière, et Scarron aussi. Quand celui-ci était jeune et alerte, il dut rester au Mans pour obtenir un bénéfice et souvent il fit bonne chère chez la marquise de Laverdin qui avait pour second époux le comte de Modène. Le comte s'éprit de Mlle Béjart qui était une comédienne. Scarron en eut maintes confidences. M. de Modène aimait violemment la Béjart et supportait mal qu'elle eût pour galant un jeune homme de vingt ans, fils du tapissier Poquelin. C'est Molière. Il quitta les bancs de la Sorbonne pour jouer avec elle sur le théâtre et, depuis quinze années, leur troupe allait de province en province. Ils parurent enfin à Paris et je voulus connaître Molière dès que j'entendis les *Précieuses Ridicules*.

Il avait une quarantaine d'années avec un merveilleux air de jeunesse. Les applaudissements le payaient enfin de ses efforts. Il en était tout animé et ses joues se coloraient de plaisir. Elles semblaient toujours fardées. Il me regardait avec cette attention douce et pénétrante que possèdent les hommes nés pour plaire aux femmes et qui leur plaisent en effet. Nous sentons aussitôt la qualité d'un tel regard. Ses yeux étaient beaux, paisibles, un peu tristes.

Il souriait des colères que sa petite pièce venait de soulever. N'avait-on pas voulu en interdire les représentations ? Ces incidents attiraient le public et il s'en réjouissait. Il pensait qu'il avait seulement blessé les amis du faux langage et du mauvais goût ; mais il s'était aussi attiré la haine plus dangereuse des prudes. Ce coup d'essai, qui était un coup de maître, lui désignait tous ses ennemis. Peut-être ne les a-t-il pas tous aperçus aussitôt. Pourtant j'essayai de les lui montrer ; je les connaissais bien ou les reconnaissais : c'étaient les miens.

Une femme, qui s'entretient souvent avec un auteur, échappe difficilement au ridicule de se donner pour sa Muse. Parce qu'elle a lu ou entendu avant les autres ses œuvres, elle croit qu'elle les a inspirées. Elle ne va pas jusqu'à dire qu'elle a écrit ce livre ou cette comédie ; mais elle tient pour certain que jamais son ami ne l'aurait composé s'il n'avait eu la rare faveur de dîner et de coucher avec elle. La plus modeste se flatte d'avoir donné de précieux conseils et apporté de fines corrections aux écrits qui, le plus souvent, dépassent son entendement. Je ne veux pas tomber dans ce travers. Si j'ai été de quelque utilité à Molière, c'est qu'il a pu observer dans ma maison quelques-uns de ses marquis et le plus terrible d'entre eux, son don Juan. Je ne dis pas qu'il ait porté l'un ou l'autre sur la scène. Mais il a donné à ses personnages des traits de caractère qu'il avait eu le loisir d'observer. Raincys, par exemple, dépensait presque tout son temps aux soins de son costume. Il aurait pu être le modèle d'Acaste. Il taquinait les sergents de ville comme l'aurait pu faire un écolier et chantait sous leur nez :

Les recors et les sergents
Sont des gens
Qui ne sont pas obligeants.

Ce petit compagnon rejetait pourtant ses habits

magnifiques et, entre chien et loup, se promenait, tout nu, sous un drap qu'il ouvrait quand passait quelque femme. Il éprouvait le besoin d'outrager et de salir. Il criait son impiété et s'en allait soupirer aux pieds de Mme Scarron dont il avait entrepris la conquête.

Il est possible aussi, qu'en écoutant les propos de nos amis il ait noté certains détails et qu'il en ait tiré profit. Il a entendu Scarron parler de son père qui était si avare et qui portait un pourpoint du temps de Henri II attaché au haut de chausse avec les aiguillettes chères au seigneur Harpagon. La cassette qu'Orgon reçut en dépôt et qui contient les papiers d'un criminel d'Etat, ressemble à la cassette que M. de Saint-Evremont avait confiée à Mme du Plessis-Bellière et que les gens du roi trouvèrent chez elle quand fut arrêté M. Fouquet. J'étais chez Mme de la Sablière quand fut improvisé l'intermède par quoi se termine le *Malade imaginaire*. Bernier, qui était docteur de la Faculté de Montpellier, connaissait bien la gravité bouffonne des cérémonies qui confèrent le bonnet, la robe et le droit de tuer. Avec Boileau, il imagina quelques-uns des vers burlesques qui devaient réjouir les spectateurs. Il est possible que deux ou trois soient dus à Mme de la Sablière et à moi-même. Ce genre de divertissement était à la mode. On connaît l'aventure du duc d'Enghien. L'année de Rocroy, il descendait le Rhône avec son très intime ami le Marquis de la Moussaye. Un orage terrible éclata.

Aussitôt le duc soupira :

Carus amicus Mussaeus,
Ah ! Deus bone, quod tempus !
Imbre sumus perituri
Landeriri.

Et la Moussaye répondit avec un parfait cynisme :

Securæ sunt nostræ vitæ ;
Sumus enim Sodomitæ,
Igne tantum perituri ....
Landeriri.

Molière n'ignora pas la querelle que j'eus avec Félix de Juvenel. Il avait été introduit chez moi par son maître l'Auvergnat Louis de Lesclache. Ce lourdaud, qui se disait disciple d'Aristote, avait composé des tables de philosophie qui contenaient, pensait-il, tout la science humaine. Il suffisait de posséder ce rare ouvrage pour n'ignorer plus rien. Il avait brillé chez la vicomtesse d'Auchy. Elle avait accordé ses faveurs à Malherbe qui la célébra en ses vers et qui, parce qu'elle l'avait trompé, la souffleta dans son lit jusqu'à la faire crier ; ses gens accoururent et Malherbe, assis dans un fauteuil, la regardait très tendrement, si bien qu'elle ne put expliquer pourquoi elle avait appelé. Cette folle s'était avisée d'avoir chez elle une Académie. Ce fut une cohue. Le joueur de viole Maugars en fut chassé parce qu'il en avait ri auprès du Cardinal de Richelieu. Il se vengea de Mme d'Auchy en la voyant entrer chez la comtesse de Tonnerre. Il chanta aussitôt, — et ne cessa tant qu'elle demeura, — une chanson dont la reprise est :

Requinquez-vous, vieille,
Requinquez-vous donc.

Lesclache parlait souvent dans cette Académie. Il s'y prit de querelle avec Saint-Ange qui démontrait la Trinité par raison naturelle et qui avait dressé de jeunes enfants à discourir sur les mystères ; ils répétaient des mots qu'ils ne comprenaient guère. Un jour ces perroquets et leur maître discutèrent si grotesquement avec Lesclache que M. de Paris, qui était là, en fut offensé et dit à la vicomtesse de laisser à la Sorbonne les questions de théologie. Lesclache ne fut pas moins ridicule chez moi en affirmant très gravement que ses tables enseignaient même l'art de danser. Il vit enfin que tout le monde se moquait de sa vaine science et jura de ne plus remettre les pieds dans ma maison.

Mais il nous laissait son disciple Juvenel. Celui-ci jugeait de haut les hommes et les femmes et se mêlait de faire le galant. Un jour, il se vit comblé de louanges et la tête lui tourna. Il entraîna une belle et lui prit un baiser. C'était ce que la troupe espérait. Il fut cruellement battu et jeté dehors. Il criait qu'il se vengerait. Je n'étais pas sans crainte. J'ai toujours soupçonné en effet que Lesclache et Juvenel appartenaient aux dévots et venaient épier ma vie pour en faire des rapports. C'est pourquoi j'avais toléré qu'on les traitât chez moi si indignement. Il dut se contenter d'écrire le *Portrait de la Coquette* et j'y répliquai par *La Coquette vengée*. Il est possible que Molière, quand il écrivit *Tartufe*, ait parfois songé à Lesclache et Juvenel. Son héros aurait pu avoir l'accent de l'Auvergne ou du Languedoc. Mais il eut d'autres modèles : l'abbé de Pons qui soupira pour moi, l'abbé de Roquette ou Charpy. Celui-ci s'habillait comme son maître M. de Cinq-Mars et il fit ensuite de grandes dépenses. Il donnait les violons et il avait carrosse. Cela venait des arrêts du Conseil qu'il contrefaisait avec un homme d'église. Il dut s'enfuir et fut brûlé en effigie. Mais il revint, se fit appeler Sainte-Croix et se mit à la dévotion. Mme Hansse, touchée de sa piété, le pria de venir habiter chez elle avec sa fille et son gendre. Il en éloigna bientôt tout le monde et s'empara de la jeune femme. La mère essaya vainement d'ouvrir les yeux du mari. Il répondit que c'était raillerie et ne cessa de tenir Charpy pour le meilleur et le plus sûr ami.

J'ai connu les impatiences, la tristesse, le désespoir de Molière quand les dévots semblèrent avoir obtenu définitivement l'interdiction de *Tartufe*. Je n'étais pas à Versailles quand y furent données, pour Mlle de la Vallière, ces fêtes qui durèrent plusieurs jours : *Les Plaisirs de l'Ile enchantée*. Mais nombre de mes amis assistèrent à ces divertissements. Molière, qui avait imaginé des merveilles pour unir le chant à la danse, obtint la faveur de faire représenter trois actes de *Tartufe*. Il n'avait touché que trop juste. Il a toujours répété qu'il n'avait attaqué que les faux dévots. Mais supposez que Tartufe soit un vrai dévot, qu'il n'ait commis aucun crime et qu'il ne convoite pas la femme d'Orgon, il restera odieux au public. Directeur du riche bourgeois, il devra exiger, au nom de la religion, qu'Elmire renonce à la vie mondaine : il devra s'opposer au mariage de Mariane avec Valère dont la foi est tiède ; il acceptera la donation qui lui est faite pour enrichir le trésor de ceux qui luttent afin d'assurer le triomphe de la religion. La comédie protestait contre l'intrusion des saints hommes dans les familles, — et c'était le dessein que s'était proposé mon ami Molière. Il voulut bien lire chez moi les trois actes après les avoir lus chez Montmor et chez le légat du pape qui, pour ne pas déplaire au roi, déclara qu'il ne les trouvait pas dangereux. Il ne risquait rien. Il savait bien que la pièce ne serait pas donnée en public. S'il l'avait hautement flétrie, il aurait augmenté l'intérêt qu'excitait cette comédie. Le duc d'Orléans fit donner les trois actes chez lui, à Villers-Cotterets, et bientôt toute la comédie était représentée chez la princesse Anne de Gonzague. Elle devait tout naturellement s'intéresser à *Tartufe* puisqu'elle avait peine à retenir un ris dédaigneux quand elle entendait parler sérieusement des mystères de la religion. Entre autres amants elle avait eu l'archevêque de Reims qui avait déjà pris pour maîtresse l'abbesse d'Avenet qui était la sœur d'Anne. Celle-ci voulut contraindre le prélat à l'épouser et, portant des habits de cavalier, elle le poursuivit jusqu'en

Flandre. Bussy disait d'elle : « C'est une place qui change souvent de gouverneur d'autant qu'il faut être jour et nuit sur les remparts ». La Princesse voulut que *Tartufe* fût joué chez elle, non pas une fois, mais deux. Elle exagérait toujours les manifestations de l'impiété. Tous les ennemis de la religion soutenaient Molière et leur appui marquait trop nettement le caractère de sa pièce. Quand l'archevêque Hardouin de Péréfixe fit défense de la représenter, de l'entendre, de la lire sous peine d'excommunication, Molière eut tout lieu de craindre que son *Tartufe* ne fût à jamais supprimé. Il ferma son théâtre.

Pendant ces mois douloureux, je l'ai vu souvent. Il toussait et disait que c'était de colère. Devait-il donc se contenter d'écrire des comédies ballets pour le divertissement de la Cour ? Qui sait si, après *l'Amour médecin* et le *Médecin malgré lui*, la Faculté n'allait pas obtenir contre lui l'interdiction ? Il constatait non sans amertume que le *Misanthrope* avait ennuyé le public :

— C'est, disait-il, qu'on y a reconnu ma rage, mes ennuis et nul n'en veut prendre souci.

Condé lui apporta quelque réconfort en faisant jouer *Tartufe* à Paris et à Chantilly. Il lui importait peu, comme on le voit, d'être excommunié. Chacun voulut assister à ces représentations. Les dévots en furent troublés. Que deviendrait leur puissance si Condé, ses amis, et tant de gentilshommes bravaient si tranquillement les menaces de l'Eglise? L'exemple risquait d'être contagieux. Bientôt la Cour et le peuple hausseraient les épaules quand tonnerait la voix des orateurs sacrés. Quelques mois plus tard, la défense fut levée et tout le monde courut à la comédie pour acclamer la pièce.

Je ne sais si je fus tentée par l'exemple que m'avait donné Molière en aimant Armande Béjart après Madeleine, mais je m'épris du fils dont j'avais eu le père. Charles de Sévigné était un jeune homme de vingt-trois ans fin, fragile. Il avait le charme d'une fille, une peau douce, des yeux tendres. J'avais à peine dépassé la cinquantaine et ce n'était pas seulement un sentiment maternel qu'il m'inspirait. Sans doute il avait l'âge de mon enfant : ce sont des considérations qui ne nous arrêtent guère. Je retrouvais en lui certains traits de son père, mais atténués, affaiblis. J'étais troublée d'expressions que j'avais vues, vingt ans plus tôt, dans les traits de l'autre. Ainsi en tenant dans les bras un vivant, je croyais étreindre encore une ombre.

Je le traitais comme un écolier et le menais si ru-

dement que je le contraignis à me donner toutes les lettres qu'il avait reçues de Mlle Champmeslé. Je prenais plaisir à le voir soumis à ma volonté et j'aurais bien voulu le former. Mais il n'avait aucun goût pour les libertés de l'esprit et de l'amour. Après m'être convaincue de sa faiblesse, de sa lâcheté, de sa froideur, je le renvoyai à sa mère qui avait tremblé de le voir sous ma loi. Elle craignait que je n'en fisse un débauché, un mécréant. Si elle n'avait pas été aveuglée par un reste d'illusion maternelle, elle aurait compris l'impossibilité d'en rien faire. Il était au-dessous de la définition ; c'était une âme de bouillie, un cœur de citrouille fricassé dans la neige.

Pourtant, je n'avais pu me défendre d'un mouvement d'humeur parce qu'un jour il regarda, au Cours, une belle. Je m'étais montrée sottement cruelle envers Mlle Champmeslé qui ne m'avait fait aucun mal. Pourquoi donc voulais-je humilier cette femme ? Je méditai sur cette grave question et je reconnus que je lui reprochais d'être brillante, fêtée, jeune. Je frissonnai en découvrant que je détestais la jeunesse. Etais-je si vieille ?

Quelques jours plus tard, Molière parlait de sa prochaine pièce *les Femmes Savantes*. Il racontait que nous y entendrions une vieille folle, Bélise, qui croit inspirer encore de l'amour. Je demandai si elle était plus âgée qu'Arsinoé. J'entendis qu'elle était de dix ans l'aînée d'Arsinoé, qu'elle était tout à fait ridicule. Plus tard, je voulus savoir de Molière quel âge pouvait avoir Arsinoé :

— Quarante ans, peut-être, dit-il.

J'avais donc dépassé l'âge de la ridicule Bélise. Il était temps de ne plus songer à l'amour. Ma vue faiblissait. J'achetai des lunettes.

XII

ICI FINIT...

Ici finit *La Vie amoureuse* de Ninon que chacun appelait, à la fin de son existence, Mlle de Lanclos. Certains ont voulu faire croire qu'elle conserva jusqu'à la fin de son existence, c'est-à-dire jusqu'à sa quatre-vingt-cinquième année, une fraîcheur miraculeuse. Si nous lisons les lettres de Mlle de Lanclos, nous voyons bien qu'elle se félicite de n'avoir pas été trop mal traitée par l'âge. Elle en subit pourtant les incommodités. Elle note, non sans mélancolie, qu'elle n'inspire plus que le respect :

— Qui m'aurait proposé une telle vie, écrit-elle, je me serais pendue.

Nous ne sentons pas l'allégresse d'une femme qui ignorerait les atteintes de la vieillesse.

Quand Ninon prit le jeune Sévigné, elle avait cinquante et un ans. Je me garderai bien d'affirmer qu'après lui elle se refusa strictement un plaisir qu'elle semble avoir toujours aimé depuis qu'elle eut l'âge de raison. Elle devait d'autant moins résister à ce désir naturel que jamais elle n'attacha aucune importance à le satisfaire. Elle souriait des vains serments. La façon dont elle traita le pauvre marquis de La Chastre le prouve. Naïf et sincère, ce jeune amant, qui devait partir pour la guerre, lui demanda de s'engager par écrit à lui demeurer fidèle. Dans les bras d'un autre amant Ninon ne put s'empêcher d'en rire :

— Ah ! le bon billet qu'a La Chastre !

Ce Marquis ingénu avait un bon billet puisqu'il y trouvait l'apaisement de son inquiétude. Ainsi Ninon faisait un affectueux effort pour dissiper une jalousie bien légitime. Elle ne voulait pas qu'un homme fût malheureux par sa faute, mais elle entendait bien être heureuse à son gré. Elle ne l'aurait pas été si elle avait dû se refuser un caprice. Même quand elle eut jugé ridicule de se permettre encore un attachement, elle n'a pas dû renoncer à cueillir le moment. J'imagine qu'elle dut cacher soigneusement ces aventures furtives. Elle vieillit, en effet, entourée de respect. Mme de Sévigné, la Princesse d'Orléans, Saint-Simon rendent hommage à la dignité de son existence. Se seraient-ils mis d'accord pour nous voiler les vilaines fantaisies d'une vieille femme ? Il semble bien que ce soit impossible.

Il est peu probable qu'après la rupture avec Sévigné elle se soit murée dans la chasteté. Mais elle songea certainement à la retraite. A la fin de l'année où elle eut Sévigné, son fils est nommé enseigne de vaisseau. Elle fréquente alors chez Mme de la Sablière dont elle avait eu le mari. Mme de la Sablière est séparée de biens et d'habitation. Elle s'est installée rue des Fossés-Montmartre et elle élève le mieux du monde ses enfants. Elle s'intéresse puissamment aux lettres et aux sciences, mais elle ne tient pas en dédain le corps. Nombre de galants viennent chez elle et en content aux belles. Lauzun est un ami de la maison. Mlle de Lanclos n'y a-t-elle prêté attention qu'aux propos de Molière, de Boileau, de Bernier, de Roberval ? Telle que nous la connaissons, nous pouvons croire qu'elle ne repoussait pas farouchement ceux qui lui parlaient d'amour ou de ce qui peut en tenir lieu. On lui a prêté Tallemant des Réaux qui était le beau-frère de Mme de la Sablière. Elle n'a pas cessé de voir la comtesse de la Suze qui composa des vers sur son sommeil; car elle s'était endormie sur ses genoux. Il est vrai que Mme de la Suze, en ses derniers jours, était loin du monde, s'étant éprise de Jésus-Christ. Elle se le figurait comme un grand garçon beau, de fort bonne mine. Ninon lui disait : « Je crois qu'il est blond. — Point, ma chère, vous vous trompez. Je sais d'original qu'il était brun ».

J'incline à croire que Mlle de Lanclos dut être unie par le lien d'une faveur passagère à M. de Bonrepaus qui était commissaire général de la marine et pouvait protéger son fils très efficacement. Louis de Mornay obtint en effet en 1677 le grade de lieutenant de vaisseau. Mlle de Lanclos approche de la soixantaine. Elle voit avec quelque inquiétude Mme de la Sablière se lier d'un amour très étroit au Marquis de La Fare. Elle redoute pour son amie les souffrances, les désillusions. Quand La Fare reprendra sa liberté pour se livrer à la passion du jeu et aux débauches du Temple, c'est elle que les deux amants voudront prendre pour arbitre. Elle semble elle-même bien loin de l'amour. Nous sommes en 1683. Au moment où Mme de la Sablière perd La Fare, son mari qui l'avait abandonnée depuis longtemps et qui adorait la Hollandaise Marie Vaughangel vient de mourir.

Ninon ne songe pas à se retirer du monde comme Mme de la Sablière. Elle reçoit chez elle belle compagnie. Des femmes telles que Mme de La Fayette lui font visite. Il est vrai qu'elle y fut conduite par M. de La Rochefoucauld qui tenait Mlle de Lanclos en haute estime et n'oubliait pas que jadis il avait été distingué par Ninon. Elle entretient même des relations avec Mme de La Feuillade, que Pascal mena vers l'austérité du jansénisme. Peut-on imaginer que Mlle de Lanclos, telle qu'elle nous apparaît en sa vieillesse, ait fêté sa quatre-vingtième année en se faisant prendre par l'abbé Gédoyn ? Pourquoi salir sa mémoire ? Voltaire nous en a laissé un portrait hideux et il aurait pu s'en abstenir. Cette image nous prouve du moins que Mlle de Lanclos avait dû renoncer à l'amour.

Elle n'est pas d'humeur sévère et consent sans effort à se rendre chez la duchesse de Bouillon qui fut vaguement soupçonnée d'avoir empoisonné son mari pour pouvoir épouser son neveu Vendôme. Cette nièce du Cardinal Mazarin n'avait pas du moins, comme ses deux sœurs, appartenu à son frère. Elle commit peut-être une faute plus grave en faisant tomber la *Phèdre* de Racine. On ne peut dire qu'en son hôtel du Quai Malaquais régnait la vertu. Mais songeons que, dès sa treizième année, son oncle le Cardinal et la Reine Mère avaient feint de croire qu'elle serait bientôt mère, lui en avaient donné la crainte en ordonnant de rétrécir secrètement ses robes et avaient déposé dans son lit un nouveau-né à qui elle croyait avoir donné le jour. On semblait s'être appliqué à pervertir son imagination. Elle s'adonnait à tous les vices et s'enivrait, au Temple, avec le duc de Vendôme et le Prieur. Mlle de Lanclos ne buvait que de l'eau. Elle n'aimait pas ces ripailles. Le séduisant La Fare devint bientôt un ivrogne et traîna dans les festins un ventre pesant. En cette compagnie, Mlle de Lanclos goûta l'esprit de Chaulieu. Mais elle s'attrista de constater la déchéance morale et physique de La Fontaine. Elle se détourna toujours des plaisirs grossiers et sa maison de la rue des Tournelles conserva le bon ton. Ses contemporains le moins indulgents le reconnaissent.

L'abbé de Châteauneuf lui présenta son filleul, le jeune Arouet, le fils du notaire qui était devenu son homme d'affaires. Elle fut sans doute charmée par l'intelligence précoce de cet enfant et laissa dans son testament une petite somme pour lui acheter des livres.

L'abbé Dubois conduisit vers elle son élève Philippe qui devint le Régent. Il est vrai que cet étrange précepteur menait aussi l'enfant dans les maisons de filles. Mais Madame se félicitait de savoir son fils chez Mlle de Lanclos. C'est dire que personne n'aurait osé lui attribuer des fantaisies séniles.

Elle mourut avec décence, non sans avoir raillé les prêtres qui se disputèrent l'honneur de la faire communier. Son crâne a-t-il orné l'oratoire de la reine Marie Leczinska ? L'épouse de Louis XV a-t-elle réellement médité devant cette tête d'une morte qui avait respecté si allègrement les lois de la vie ? Nous voudrions le croire. Mais Marie Leczinska n'aurait pas trouvé les mots que prononce Hamlet quand il tient le crâne du pauvre Yorick. Il est agréable pourtant d'imaginer la froide souveraine agenouillée devant la dépouille de Ninon qui, sans avoir jamais appartenu à un monarque, en demeurant loin de Versailles où Mme de Maintenon, son ancienne protégée, voulut, dit-on, l'attirer, fut *plus que reine*.

FIN

TABLE DES MATIÈRES

E. GREVIN — IMPRIMERIE DE LAGNY — 12-1927.

Prix net : 9 francs

www.ingramcontent.com/pod-product-compliance
Ingram Content Group UK Ltd.
Pitfield, Milton Keynes, MK11 3LW, UK
UKHW022103260726
13993UKWH00001B/294